神輿図鑑4

江戸・神輿・祭礼・暦

アクロス

I

江戸・神輿・祭礼・暦

神輿祭礼暦

春編（三―五月）

浅草神社一之宮

帆手祭3月10日

塩竈神社

宮城県塩竈市森山

祭礼日／3月第1日曜日

備後須賀稲荷神社

埼玉県春日部市備後西

八幡神社

祭礼日／3月28日　　神奈川県秦野市西田原

御嶽神社

祭礼日／4月29日　　神奈川県秦野市名古木

八幡神社

神奈川県秦野市尾尻

祭礼日／4月21日

須賀神社

神奈川県秦野市羽根

祭礼日／4月3日

御嶽神社

祭礼日／4月7日に近い日曜日　　神奈川県秦野市平沢

八幡神社

祭礼日／4月2日後の日曜日　　神奈川県秦野市戸川

神明神社

羽村市羽神明台

稲荷神社

羽村市羽東

玉川神社

羽村市羽中

阿蘇神社

羽村市羽加美

祭礼日／4月13日～17日

長浜八幡宮

滋賀県長浜市宮前町

祭礼日／4月15日

水戸八幡宮

茨城県水戸市八幡町

神田神社摂社

江戸神社

神田神社

将門塚保存会神輿

浅草神社一之宮

台東区浅草

二之宮

三之宮

三崎稲荷神社

祭礼日／5月9日近くの日曜日

千代田区三崎町

小野照崎神社

祭礼日／5月19日近くの日曜日

台東区下谷

I 江戸・神輿・祭礼・暦

神輿祭礼暦

夏編（六―八月）

祭礼日／6月3日後の土曜、日曜日

素盞雄神社

荒川区南千住

祭礼日／6月7日近くの日曜日

品川神社惣町神輿

品川区北品川

中神輿

大神輿

祭礼日／6月第1日曜日

六郷神社

大田区東六郷

祭礼日／6月第1日曜日

潮田神社

神奈川県横浜市鶴見区

第六天榊神社

祭礼日／6月5日近くの日曜日

台東区蔵前

白鬚神社

祭礼日／6月7日近くの日曜日

墨田区東向島

台東区鳥越

八雲神社

埼玉県羽生市

祭礼日／7月15～17日

須賀神社

千葉県野田市野田

八坂神社

祭礼日／7月17日、18日近い日曜日

千葉県我孫子市

幸宮神社

祭礼日／7月中旬

埼玉県幸手市

祭礼日／7月20日後の金曜～日曜日

八坂神社

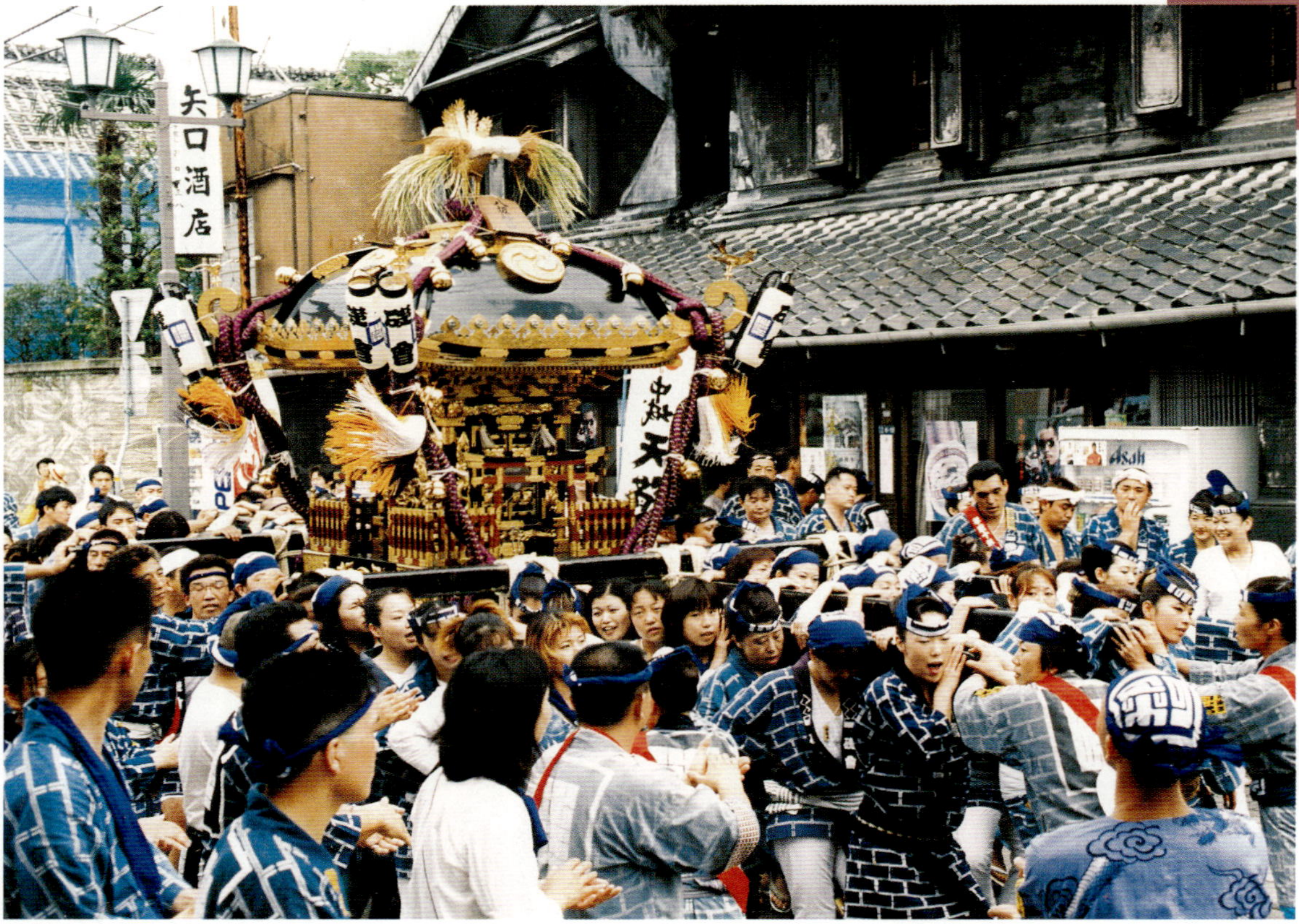

茨城県土浦市

半原神社

八雲神社

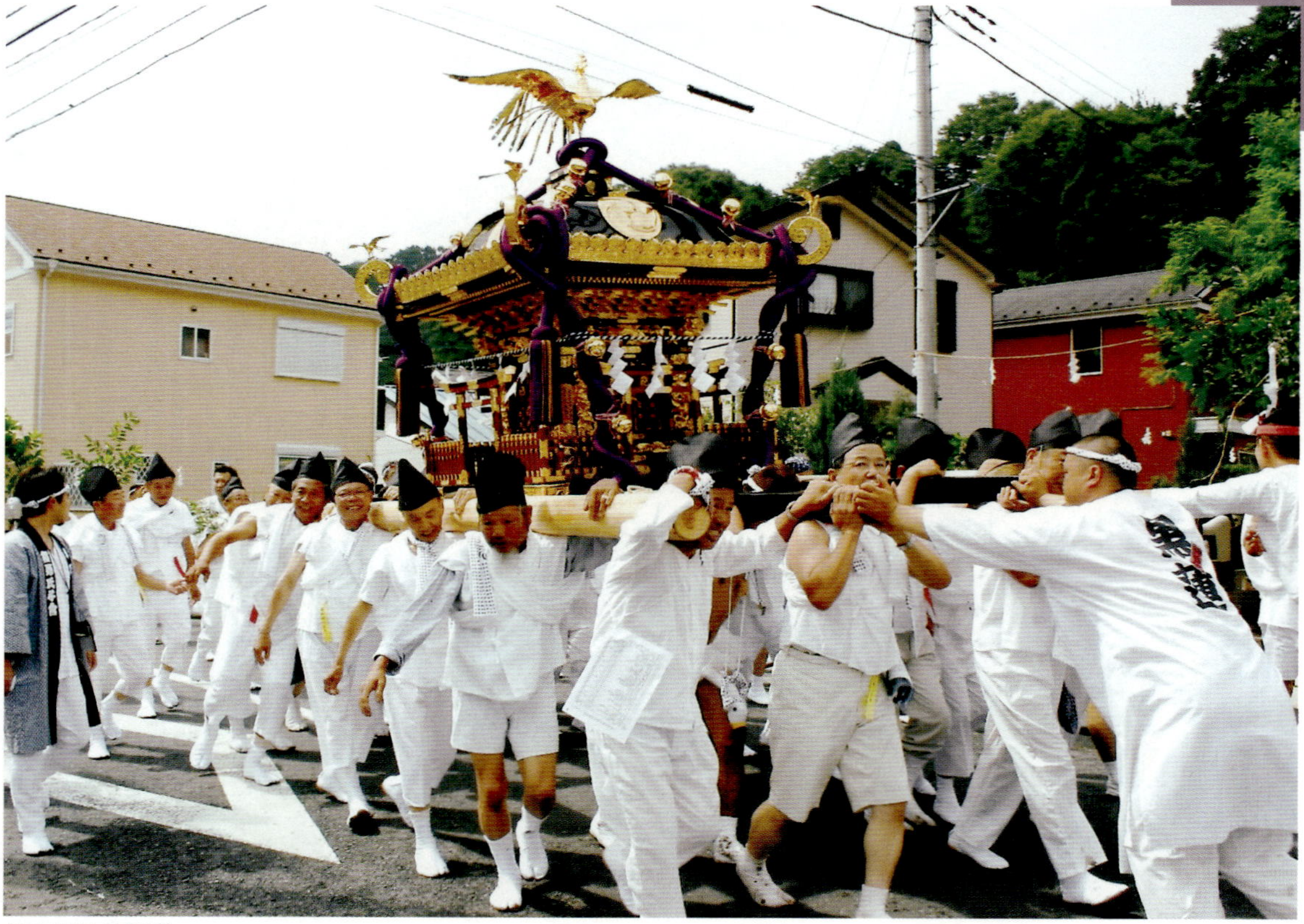

神奈川県愛甲郡

鹿島神社

茨城県稲敷市江戸崎

八坂神社

茨城県取手市

東大島神社

江東区大島

一之宮

東大島神社

八重垣神社

千葉県匝瑳市

下出羽町

福富町

横町

西本町

田町

東本町

砂原町

仲町

上出羽町

門前町

八重垣神社町神輿連合渡御

東八幡神社

祭礼日／8月15日

大田区矢口

旭川女みこし華酔会

駒札

正面唐戸左右螺鈿鶴細工

祭礼日／7月17日

留萌神社

北海道留萌市

祭礼日／7月15日

寿都神社（修理前）

北海道寿都郡

祭礼日／8月14日近くの土曜、日曜日

鮫洲八幡神社惣町神輿

大神輿

祭礼日／8月10日近くの土曜日

亀戸香取神社神社

江東区亀戸

祭礼日／8月20日近くの日曜日

富賀岡八幡神社

江東区南砂

深川神明宮

祭礼日／8月17日近くの土曜日

江東区森下

愛宕神社

祭礼日／8月23日近くの土曜、日曜日

千葉県取手市

祭礼日／8月20日

寒川神社

千葉県千葉市

祭礼日／8月20日近くの土曜、日曜日

天祖神社

葛飾区新小岩4丁目

亀戸天神社

祭礼日／8月25日近くの日曜日

江東区亀戸

諏方神社

祭礼日／8月27日近くの日曜日

荒川区西日暮里

天祖神社

祭礼日／8月18日近くの日曜日

葛飾区東新小岩8丁目

糀谷萩中神社

祭礼日／8月第4日曜日

大田区萩中

I　江戸・神輿・祭礼・暦

神輿祭礼暦　秋編（九—十一月）

鹿島神社鹿壱神輿

祭礼日／9月24日近くの日曜日

永福稲荷神社

杉並区永福

祭礼日／9月第2日曜日

上高田氷川神社

中野区上高田

祭礼日／10月16日

加平氷川神社

足立区加平

盛岡八幡宮

八青会

根津神社

文京区根津

一之宮

二之宮

三之宮

祭礼日／9月15日

平塚神社

北区上中里

祭礼日／9月 第3日曜日

駒繋神社

世田谷区下馬

鹿骨二丁目町会

鹿骨三丁目町会

鹿骨四丁目町会

鹿骨五丁目町会

西篠崎町会

鹿骨一丁目町会

鹿壱の神輿納受式

宮入り

鹿島神社

鹿壱の神輿

野筋金物

木鼻獅子

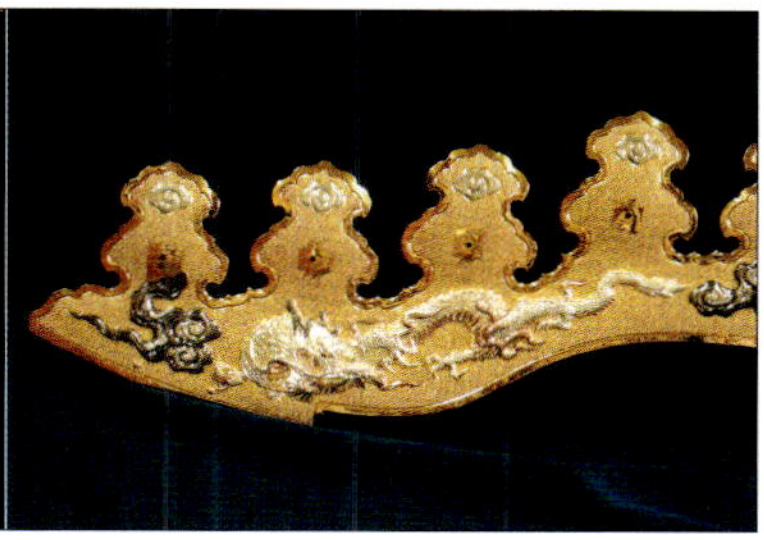

吹き返し

台輪角金物

堂周りの彫刻

祭礼日／9月15、16日

元神明宮

港区三田

東中野氷川神社

囲桃園町会

中野区東中野

東面

南面（正面桟唐戸）

西面

北面（裏胴羽目）

祭礼日／9月23日近くの日曜日

代々木八幡神社

渋谷区代々木

祭礼日／9月22日

小右衛門稲荷神社

足立区梅島

祭礼日／9月14～15日

滝野川八幡神社

北区滝野川

祭礼日／9月15日

鎌倉八幡神社

葛飾区鎌倉

祭礼日／10月2日

井草八幡宮

杉並区善福寺

祭礼日／9月28日

久伊豆神社

埼玉県越ヶ谷

輿輝連合　幻龍會

板橋グループ

関東仲好會

祭護連合

七輿親睦會

櫻連合神輿愛好會

龍稲深川睦

千葉県神輿保存連盟

関東神輿愛好會上溝睦

相州大和信友睦

大江戸神輿まつり　IN　木場公園

藤沢若冨會

祭礼日／10月第1日曜日

行徳香取神社

千葉県市川市

神明町天祖神社

祭礼日／10月16日

麻賀多神社

祭礼日／10月14日～15日

千葉県佐倉市

祭礼日／10月15日

大曽根八幡神社

埼玉県八潮市

祭礼日／11月3日

久兵衛稲荷神社

埼玉県三郷市

I

神輿祭礼暦

冬編（十二―二月）

宇都宮二荒山神社

秩父神社

埼玉県秩父市

江ノ島成人式記念神輿渡御

江ノ島成人式記念神輿渡御

萬歳會

「建国記念の日」奉祝パレード

萬歳會

紘輝連合

いずみ会

居木神社

東京共和睦

鯱睦連合

緑ノ會

相州睦

鳳和會

極神連合

川崎道祖神

大門諏訪神社

板橋区大門

湯島天神「梅まつり」

天神町一丁目町会神輿

東金砂神社

足立区花畑

獅子舞

鹿島神宮

茨城県鹿嶋市宮中

香取神宮

千葉県佐原市香取

葛飾八幡宮

千葉県市川市八幡

江島神社と龍口明神社

龍口明神社／神奈川県鎌倉市腰越

二宮神社

子安神社

千葉市花見川区畑町

子守神社

千葉市花見川区幕張

三代王神社

千葉市花見川区武石町

菊田神社

習志野市津田沼

大原大宮神社

習志野市実籾

時平神社

八千代市萱田町

高津比咩神社

八千代市高津

八王子神社

船橋市古和釜

西金砂神社

理容
たかせ
大世話
青主

III

江戸・神輿・祭礼・暦

江戸町内神輿を巡って

北澤八幡神社惣町神輿

神田神社

多町二丁目町会

馬喰町二丁目町会

神田神社

神田神社

東神田町会

錦町三丁目町会

神田神社

小野照崎神社

元入谷町会

北上野町会

小野照崎神社

小野照崎神社

北上野一丁目町会

北上野二丁目町会

小野照崎神社

小野照崎神社

中入谷町会

坂本二丁目町会

小野照崎神社

小野照崎神社

坂本町会

三崎一丁目（宮元）町会

三崎稲荷神社

三崎稲荷神社

神保町三丁目町会

一神町会

三崎稲荷神社

三崎稲荷神社

西神田三丁目町会

神保町一丁目北町会

三崎稲荷神社

三崎稲荷神社

神田西町会

三崎町会

三崎稲荷神社

元三島神社

宮元（上根岸・根岸二丁目）町会

中根岸町会

元三島神社

元三島神社

下根岸町会

東日暮里一二町会

元三島神社

元三島神社

東日暮里三本町会

東日暮里三南町会

元三島神社

元三島神社

東日暮里四丁目町会

東日暮里五丁目町会

元三島神社

元三島神社

東日暮里六丁目町会

宮元七ヶ町町会

素盞雄神社

素盞雄神社

河原崎町会

三ノ輪町会

素盞雄神社

素盞雄神社

箕里町会

通新町会

素盞雄神社

荏原神社

宮本櫻心会

北二町会

品川神社

第六天榊神社

宮元町会

寿三丁目町会

第六天榊神社

小松川神社

小松川一二町会

小松川三丁目町会

小松川神社

福生神明社

本町八丁目町会

森下三丁目町会

深川神明宮

茅場町二丁目町会

茅場町三丁目町会

赤坂・日枝神社

赤坂・日枝神社

兜町町会

茅場町一丁目町会

赤坂・日枝神社

小松川神社

小松川四丁目（親交会）町会

東小松川南町会

東小松川・白髭神社

亀戸香取神社

亀戸七丁目北部町会

第五自治会

新小岩四丁目・天祖神社

江戸川区中央・香取神社

五分一町会

東四町会

江戸川区中央・香取神社

亀戸天神社

江東橋四丁目町会

緑一丁目町会

亀戸天神社

亀戸天神社

立川四丁目町会

淀橋市場

新宿区・鎧神社

新宿区・鎧神社

巴講睦

原三丁目町会

穴八幡神社

諏方神社

谷中町会

神富会

代々木八幡神社

代々木八幡神社

西原敬神睦

惣町神輿

北澤八幡神社

西新宿・熊野神社

角筈三丁目町会

関水町会

江戸川橋・水神社

大田区・鹿島神社

滝王子・宮本睦

森町会

大田区・鹿島神社

大田区・鹿島神社

原町会

西五反田一二三町会

五反田・雉子神社

Ⅳ 男たちの歳時記

江戸・神輿・祭礼・暦

鳳輦行列・菊川三丁目町会

本社神輿・菊川三丁目町会

菊川三丁目町会神輿

宮元（小山五丁目）町会

荏原七丁目町会

荏原四丁目町会

荏原五丁目町会

小山六丁目町会

パルム神輿

小山四丁目町会

麒麟會万灯神輿

戸越八幡神社

品川区戸越

後地大神輿

発足二十周年記念渡御

大江戸神輿まつり　IN　木場公園

櫻連合
櫻連合

戸東京博物館
江戸東京博物館前
40

櫻連合
食品館

神輿図鑑4　目次

江戸・神輿・祭礼・暦

I

神輿祭礼暦

II

式年祭　高橋一郎

III　江戸町内神輿を巡って　斎藤　力

I

江戸・神輿・祭礼・暦

神輿祭礼暦

春編（三―五月）

長浜八幡宮

西田原八幡神社

秦野の春季祭礼

秦野市は、昔は「たばこ」の葉の栽培で有名なところであったが、現在ではそれはほとんど作られていないようだ。今では落花生の方が主役だろう。

インターネットで神輿関連のホームページを検索していて、たまたま見つけた秦野の神輿サイトに、春に渡御する神輿の写真が多数掲載されていたので、もっと沢山見てみようと思ったのが発端。三月末から四月下旬まで、都合六回秦野に赴いた。

もとより広い秦野市なので抜けている神輿があるし、分かっていながら都合が悪く、見学できなかった神輿もある。多分、春祭りの神輿としては、総計ではこの二倍の神社が有るだろう。

秦野の神輿の担ぎ方の特徴は「せり」と称されるもので、二天棒に横棒を台輪側に前後一本ずつ付けた神輿に、やや斜めに肩を入れ「おりゃ、こりゃ」というような掛け声で担ぐ。大神輿に対して、そう多くない人数でも渡御できるのが特徴である。東京であれば、城南担ぎのようなスタイルだと思っていただければ良いだろう。そしてこれがまた結構早いスピードで渡御されるので、撮影者は神輿の前に出るのがひと苦労である。

以下に、私が見学出来た神社ごとに紹介していこう。

なお、前述のホームページの記事と写真を、最大限に参考にさせていただいた他、神事開始の時間なども教えていただいた出雲大社相模分祠の方々のご親切なご指導によって多くの宮出しに参加できたことを特記させていただき、御礼とさせていただく。

（斎藤）

名古木御嶽神社

西田原　**八幡神社**

製作年代、作人不詳。台輪寸法四尺二寸

秦野駅北口から羽根行きのバスに乗ると、終点は須賀神社だが、八幡神社はその二つ前のバス停留所で、真ん前に鳥居がある。鳥居、山門をくぐると広い境内地があり、その後方の階段上に社殿が鎮座し、その左手に神輿庫がある。訪問の大祭日は生憎の雨天だった。広い境内地はぬかるんで写真が撮りにくく、山門の屋根をお借りして雨宿り兼撮影ということになった。

境内地には子供神輿が四基置かれていたが、先にお祓い、御霊入れを済ませて出輿していった。出輿時刻になると、階段上の社殿前に置かれた大神輿も上げられ、すぐに階段を静かに降ろされた。山門前の境内地で少しだけ揉んだ後に、鳥居をくぐり宮出しとなった。

降雨と曇天ではあったが、背景に丹沢山塊が広がり、当日の天候独特の曇り空と雲の色の中を行く神輿は、今まで見たことの無い背景と相まった壮大な光景で、必死でシャッターを押したものである。

（斉藤）

名古木　**御嶽神社**

製作年代、作人不詳。台輪寸法三尺九寸

非常に大きな蕨手が目につく神輿で、伊勢原の三之宮比々多神社の旧神輿だという地元の方もおられたが、そうでないという意見もあり、真偽の程は未だに不明のままだ。確かにその神輿の蕨手の形に似て異常に大きいから、何らかの関連なりがあるのは事実だろうと推測される。

神社境内に櫓を組んで、お囃子が演じられ、定刻になると子供神輿が先に出輿する。神社は階段の上にあるので、宮出しは子供神輿が階段を降りてのこととなる。

大神輿は境内でかなりの時間揉んでから出輿となるので、撮影は楽に思え

尾尻八幡神社

たが意外に難しかった。小さな鳥居をくぐり階段を降りるまでは、慎重に静かに神輿を扱い、階段を降ろし切り、肩に担ぐと勇壮な「せり担ぎ」に変わる。丁度鳥居の前に大幟が二本はためき、いよいよ宮を出て行くという雰囲気になる。思いのほか担ぎ手の数は少なかったが、元気に氏子の中に出輿されていった。

（斎藤）

尾尻 **八幡神社**

昭和十二年（一九三七）作、作人不詳。台輪寸法四尺二寸

秦野駅南口から徒歩十五分位の位置に鎮座する八幡神社の周辺は、往時はタバコ畑があったり、小川が縦横に流れていた場所だそうだ。確かにそうした面影が残るところもあり、神社は非常に長い階段の上に鎮座している。息をきらせて本殿に向かったが、やっとのことで着いてみると、肝心の神輿は無く愕然とした。よくよくお聞きすると、当社は土曜日の夕方に宮出しされ、宵宮を兼ねて渡御し、別の場所で一泊し、翌日曜にまた担ぎ出されて、夜間に還御されるという。したがって午後の渡御場所から拝見させていただくこととなった。大神輿が、坂をゆっくり上っていくのは、まさに一幅の絵画だった。急坂にもかかわらず、思いのほか速く進んで行くのには参ったものである。

（斎藤）

羽根 **須賀神社**

製作年代、作人不詳。台輪寸法四尺一寸

バスの終点、羽根で下車し、バス停前の酒屋さんで神社の場所を尋ねると、丁度そこに神社役員の方がおられ、これから神社に行くとのこと、同道でご案内いただくことになった。バス停からはそう遠くないので、帰りのバス時間を念頭に入れられる距離だった。神社は桜並木の先にあり、宮出し後の撮

羽根須賀神社

影を考慮しながら社殿に向かった。いままでの秦野の神輿の中では、一番撮影条件が整っている状況に喜んだが、いざ渡御が始まると、自分で計算していたような写真の構図にはならないで、少々がっかりしたものだった。神輿撮影では案外、このような計算外のことが起こりやすく、いつも後で悔やむのが通例だ。

神輿は胴体が木彫り金箔押しの華やかな神輿であり、かつ、胴体前後左右の軒下に四個の螺鈿が吊り下げられている、特長ある古神輿である。秦野で見た神輿の中でも異色の神輿といえよう。桜の時期、背景に入ると本当に美しい情景となる。

（斎藤）

平沢 **御嶽神社**

江戸末期作、作人不詳。台輪寸法三尺五寸

出雲大社相模分祀と、同じ境内地ともいえるような場所にある当社の神輿は、伺うと江戸末期作のものだそうだ。本当に古色蒼然とした神輿だが、渡御のつど少しずつ手直しされているそうだ。

本来の渡御時間ではない、式典と宮出しだけの場に行ったので、勇壮な担ぎは見ることが出来なかった。庫にはもう一回り大きな、新しい神輿が安置されているが、最近は担ぎ手の事情により、以前の神輿を担いでいるそうである。

（斎藤）

戸川稲荷木 **八幡神社**

明治四年作、作人不詳。台輪寸法四尺二寸

宮出しは、何年ぶりかで白丁が行うことになった日に伺った。階段上からの宮出しで、白丁だけで担ぎ出して正面鳥居をくぐり、さらに真っ直ぐ進み、突き当たりで折り返してきて、宮出しが一旦終了した。快晴の中での古神輿と白丁というのは、実に絵になるものである。

　鳥居前で一旦降ろされた神輿は、地元青年部に引き継がれ、再び担がれて丹沢の山の方に向かった。他社の神輿も丹沢山塊方向に進むので、丹沢を背景に入れての正面写真は、残念ながら自分の居る時間内では撮影できなかった。

（斎藤）

平沢御嶽神社

戸川稲荷木八幡神社

神明神社

羽村の春季祭礼

東京都羽村市では、初春の桜花爛漫となる四月の第二日曜日に、各社で春季祭礼が行われる。東京の祭礼の最初を飾る神輿なので、カメラ慣らしも兼ねて随分通った。稲荷神社の、多摩川に入るところだけが、写真コンクールの良い題材としてつとに有名だ。しかし、その他にも風情が楽しめる所がいくつもあるので、以下に大神輿が渡御する四社についてご紹介しよう。

（斎藤）

神明神社

神明神社の神輿は、四社中では一番早い時間に宮出しが行われる。神明造りの社殿前で神事が行われ、関係者乾杯の後に太鼓が先導して神輿が宮出しされる。やや遅れて子供たちが山車を曳き、神輿を追いかけることになる。神輿は、文久二年（一八六二）、宮本重義作の台輪寸法三尺の古神輿である。

羽村地区の神輿は、多少地区ごとに揉み方が変わるが、基本は二つのパターンに分かれる。ひとつは、白丁による平担ぎで肩に乗せて運ぶパターン、そのために渡御スピードが速く写真撮影には泣かされる。折しも桜花満開であれば、それを背景に入れたいのが人情と言うものだが、それを叶えるのが意外に難しい。神社脇の参道から出輿する瞬間もシャッターチャンスの一つだが、あまりに速いので良いポジションを探すのは大変だ。

そして二つ目のパターンは、祭神に由来する荒っぽい神輿振りで、前後左右上下に飛んだり跳ねたりして揉む。どの方向に揉んで来るか分からないので、余り近寄らない方が見物人としては正解？　である。神明神社の神輿も同様の揉み方だが、担当年番の担ぎ手の馬力によって、始終荒っぽく揉む年

稲荷神社

と、そうでない年に分かれるような気がする。（斎藤）

稲荷神社

羽村の神輿を代表する神社である。神輿は文政十年（一八二七）、小林藤馬の作で台輪寸法三尺の古神輿だ。社殿内に飾られている神輿は、神事が済むと担当年番によって降ろされる。すると担ぎ太鼓が一斉に打ち出される。ひとしきり太鼓の音を楽しんだ後、子供神輿がまず鳥居をくぐって階段から降ろされる。

このかたちは平成十八年（二〇〇六）の祭礼から実行されるようになった。子供神輿には男子用と女子用があり、子供たちも全員が白装束である。子供神輿が出て行くと、いよいよ大神輿の出番だが、大神輿は当日の予行演習よろしく、境内で飛んだり跳ねたり、荒っぽい揉み方を披露する。その後に黒の烏帽子をかぶって鳥居をくぐり、宮出しし階段を下りていく。この階段で神輿を降ろすシーンもひとつの見せ場で、多くのカメラマンが下で待ち受ける。しかし、神輿はあっけないほど簡単に階段を下りてしまう。この頃には、子供手古舞が数人ついた、東町の大きな山車が階段坂下に到着して、お囃子が賑やかに奏上されている。この山車の前で、神輿はひときわ荒っぽい揉みを行う。担ぎ手の若者がくたびれてくると、その昔の若者が「もっとやれ！」と囃し立てる。その後、子供神輿ともども新街道を横断し、多摩川にかかる大橋から対岸の町に向かう。対岸の町中を縦横に暴れた後に、お旅所で休憩し、多摩川での水中渡御に向かう。

この頃になると多摩川の両岸と大橋は、鈴なりの見物人で埋め尽くされる。先ずは男女の子供神輿が先に多摩川に入り、川を渡るとしばらくして大人神輿が堤防の上から現れ、葦の枯れ草の中を掻き分けるように進み、多摩川に入っていく。四月の上旬ゆえ、まだまだ冷たい水の中を、若い衆が元気に神

玉川神社

輿を清めてゆく。水かさのある所では、皆で手をつないで輪を作ったり、様々な清め方を披露して観衆の喝采を浴びる。ひとしきり時間が過ぎると川から上がり、再び荒っぽい神輿振りを見せながら、桜花の中を御旅所に戻る。途中、山車の待ち受ける場では、再び荒っぽい揉み方を見せる。御旅所では一旦休憩と暖をとって、白丁装束を新しいものに着替えて町内渡御に向かう。

（斎藤）

玉川神社

玉川神社の本社神輿は、近年新しい神輿になった。古い方の神輿は道中での激しい揉みのせいで心棒が折れたと聞く。現在の神輿は台輪寸法二尺五寸ほどの、こじんまりとしたものになった。担ぎ手の装束は、上半身が白、下半身が紺色に統一された特徴あるものだ。宮出し前の神社境内では、相応の神輿振りも見せながら大鳥居を出て行く。引き続き大きな山車が曳き出される。先頭は子供手古舞でその後に大勢の子供が続く。驚愕すべきは、こんなに大きい山車まで、大鳥居をくぐって宮出しされていくことだ。桜の時期によっては、大鳥居が桜花に囲まれるので絵になる風景である。かつて大神輿渡御の際、生憎の雨天の中しっとりした感じで、竹林を背に撮影した光景が忘れられない。

（斎藤）

阿蘇神社

羽村市の四社の内では最も駅から遠い神社である。写真仲間でもこの神社の宮出しまで足を延ばす者は少ない。山村を思わせる四囲の風景の中に阿蘇神社は鎮座しており、境内も広い。神輿は文政元年（一八一八）、小林藤馬の作。台輪寸法三尺一寸の古神輿だ。写真仲間でもこの神社の宮出しまで足を延ばす者は少ない。稲荷神社と同様に、神事の間、神輿は社殿の中にある。

阿蘇神社

神事後は社殿から降ろし、宮出しの前に境内で神輿振りと同時に花万灯の振りが行われ、うっそうと茂る木々からの木漏れ日の中、風情が楽しめる。コントラストが強いので、写真撮影としては泣かされる。

宮出しは正面大鳥居からは出ないで、何故か裏手の鳥居をくぐる。階段を少し下りてから多摩川沿いに進み、一旦宮司宅に立ち寄り休憩する。宮司宅は市文化財指定の建物だ。ここでも簡単な神事が行われた後に再度出発する。もしも桜花爛漫の時期にあたれば、多摩川沿いの桜花の中を行く神輿として、絶好の被写体になる。多分この瞬間（距離にして四十メートルぐらい）は羽村市四社の中で随一の風景だろう。

その後は徐々に町内渡御に向かう。最初の休憩でそれまでの白丁・黒烏帽子から白丁・ピンクリボンに変わる。折しもチューリップ祭りが休耕田で行われており、かろうじて、神輿がその脇を通過する瞬間がある。好みにもよるだろうが、写真的には和の神輿と洋のチューリップの面白い取り合わせとなる。ここの山車を曳く子供たちの先導は、派手な衣装に拍子木を持った祭典男である。途中の休憩では太鼓の奉送と共に、岡目ひょっとこのお面を着けた者が行う所作が、観る者を楽しませる。

神輿の写真を撮り始めた頃は、修復前であったので「かなりきたない神輿だなあ」と思ったりもしたのだが、暫く行かないうちに修復なって、現在のきれいな神輿になっていた。現金なもので、今になって修復前の古色蒼然とした姿をもっと見ておきたかったなどと思う。

（斎藤）

長浜八幡宮

滋賀県の長浜市に長浜八幡宮が鎮座している。かつて羽柴秀吉の城下町であり、琵琶湖の要衝としても栄えた城下町で、今なお建築物も含めた町の様子が残り、多くの観光客が訪れる。

そんな長浜市の祭礼は四月の十三、十四、十五日と祭礼日が決まっていて、地元では「長浜曳き山まつり」として広く喧伝している。写真仲間の一人からたまたまその観光パンフレットをいただき、観光協会のホームページなども参照して、平成十九年はなんと九十年ぶりに、すべての曳き山（地元では単に「山」という）が長浜八幡宮に一度に集結するということを知り出かけてみた。

本社神輿は十四日の午前中に神社から宮出しされ、午前中をかけて駅前近くの御仮屋に運ばれる。そして翌日の夕刻、再び御仮屋から還御される。この間に曳き山が市内各所から八幡宮に集結し、全部で十二基の曳き山が揃うのはまさに壮観である。この曳き山の中に舞台がしつらえられ、例年は四基の曳き山で子供歌舞伎が上演される。

神輿には近づくのが難しい状況だったが、私の目測では、台輪の寸法は五尺はあろう。（斎藤）

水戸八幡宮

茨城県水戸八幡宮の神輿が新しくなりました。毎年四月十五日の祭礼では、江戸時代に作られたと思われる、古い八角形の神輿が車に載せられ、氏子区域を廻り、夜は戦後に作られた別の神輿で宮入りをしていました。そしてこの度、この神輿に代わる新しい神輿が作られました。

この新しい神輿は、吹き返しのついた唐破風屋根に、独特の形をした羽を広げた大鳥が特徴です。階の付いた胴も、彩色が施され、歴史のある水戸八幡宮の本社神輿にふさわしい華麗な印象を受けます。

なお新しい神輿は、祭礼時だけでなく八月第一日曜日の「黄門祭り」においても、東照宮や常磐神社等の市内の神社神輿と共に、水戸のメインストリートで担がれます。（高橋）

三崎稲荷神社

ＪＲ水道橋駅近くに鎮座する三崎稲荷神社。本社神輿が見たくて通い始めてから、早くも十年以上が経ってしまった。その間には、本社神輿の修復、社務所の新築、境内の銀杏の木々の整備など諸々の変遷があった。五月の五日近辺を中心にした祭礼なので、比較的見に行きやすいとも言えるし、連休中なので…という時期でもある。

三崎稲荷神社の祭礼は、本社神輿を含む神幸祭が催行されるのは隔年で、前日の土曜日には各町神輿の連合渡御も賑々しく行われる。近年は、本祭りでない年にも本社神輿が出輿されたり、町内神輿も担がれたりしているのが通例のようだ。以前は本祭りの時に、写真コンクールが行われ、作品は神社境内にも飾られていた。

本社神輿

昭和四年（一九二九）、宮惣の作。台輪寸法三尺八寸。平成八年に修復。

重厚な大神輿で、平成八年に修復される以前は、古風な重厚感を醸し出しており、初めて見たときの感慨は忘れられない。その後、修復で胴嵌部分の飾りは金箔で鮮やかによみがえり、正に華のある神輿に変身した。

記念すべき修復後第一回目の渡御の日は、朝からものすごい降雨になってしまい、催行中止かと思われた。しかし関係者の英断により、神輿が庫から出され、雨に濡れ風情が増した中、組み立てが始まったときの感激はいまも忘れられない。このときは時間を大幅に繰り下げての渡御開始となったが、

三崎稲荷神社

これだけの大神輿を、時間を変更しての渡御というのは稀有なことであろう。修復から早くも十年が過ぎ、時間の経過と共に金色が渋く感じられるようになってきた。宮出しと宮入りを、揃い袢天で睦だけが行うようになってからでも十年近くなろう。

宮出しで大神輿が赤い大鳥居を出てくる様子は、何回撮影に行っても胸が躍るシーンである。鳥居をくぐり、一旦神輿をおろしてから、各町会による町会渡しの渡御がスタートする。

最初は白袢天の三崎町町会が受け持つのが慣例のようで、睦の渋い色の袢天から白袢天に変わると一転、担ぐ雰囲気も変わる様が興味深い。

夕刻に宮入りするまで各町を廻るが、その間に夕日が正面から当たる情景は、胴が金色にキラキラと輝いて本当に美しい。カメラマンとしてはこのような光景を待って撮影するのだが、まだまだ未熟なゆえか、どうやっても実物の美しさは表現できていない。

（斎藤）

I

江戸・神輿・祭礼・暦

神輿祭礼暦

夏編（六―八月）

鳥越神社

品川神社大神輿

品川神社

品川神社には、現役神輿としては、大神輿、中神輿、惣町神輿が鎮座している。通常の六月の祭礼では、惣町神輿によって宮出しが行われ、神社の急な階段を下りてくるところが、最初のハイライトである。惣町神輿はそのまま御神面をつけて、氏子各町を隈なく廻り一旦神社へ戻り、夕刻の宮入りに備える。

午後からは、神社鳥居横に置かれた中神輿に御神面が移される。中神輿は主に旧東海道を、揉みに揉んで担がれ、夕方神社に戻り、再び御神面を移して惣町神輿が急階段をのぼり、境内で盛大に揉んで、フィナーレを迎える。この間、笛と太鼓の大拍子が神輿渡御を盛り上げる。

平成十九年の祭礼では、皇室御慶事に因み、大神輿が加わっての一大ページェントを繰り広げた。大神輿は、最近ではこうした皇室御慶事など、特別の場合にのみ渡御されるので、我々神輿写真好きには見逃せない。特に今回は大神輿、中神輿の連合渡御が初めて実現し、品川駅付近に林立する大ビル群を遥かな背景にして、都営バスの駐車場近くで二基の大神輿が揉みに揉まれた。このような風景は我々にとっても初めてで、カメラ越しにほぼ全員が興奮していたように思う。しかも大神輿渡御は、過年は大雨に遭うことが多く、この日も昼頃までは怪しい雰囲気であったが、渡御中は絶好の天候になった。

（斎藤）

六郷神社

六郷神社

昭和七年（一九三二）、作人不詳。台輪寸法四尺二寸。

六郷神社創建九五〇年を記念して、神社大神輿の渡御が平成十九年六月に行われた。普通は屋根の上には「鳳凰」が乗っているが、この大神輿では「鳩」である。神社は多摩川の河原から近い場所に鎮座し、大きな神域を持つ。

正月七日には都の文化財「子供流鏑馬」が行われるなど、伝統行事も多く、今回も「獅子舞」が大田区の文化財に登録され、神幸祭行列の一環として獅子舞行列も同時に催行された。獅子舞も東京二十三区ではなかなか見ることができなくなった貴重な伝統である。

大神輿は平成十三年にも渡御されたが、普段はなかなかその勇姿は見られない。大きな神輿庫には、この大神輿と別の中神輿が仲良く納められている。

今般の渡御に当たって修復が行われた。金色の屋根が太陽に照らされてキラキラ光り、美しい光景ではあったが、写真撮影という観点からは難しい状態で、カメラマン泣かせの神輿でもある。

（斎藤）

鮫洲八幡神社

本社惣町大神輿

文化十年（一八一三）、山崎音次郎作。台輪寸法四尺三寸五分。

後年、浅草の南部屋五郎右衛門により修復。

八月十四日近くの土曜日の午前二時頃、鮫洲八幡神社境内から旧東海道鮫洲の町に、笛と太鼓（大拍子）が鳴り響く。鮫洲八幡神社神輿の御霊入れ儀式ならびに神輿宮出しが始まる寄せの太鼓だ。東京二十三区内で、このよう

鮫洲神社惣町大神輿

な時間から神輿が渡御されるのはここだけだ。これに合わせて、真夏の深夜だというのに大勢の人々が神社境内に集まってくる。

鮫洲八幡神社には文化十年（一八一三）、大工山崎音次郎製作になる台輪四尺三寸五分の惣町大神輿（社宝）と、昭和四十二年（一九六七）宮本卯之助商店製作になる台輪三尺三寸の神社大神輿の二基の本社神輿がある。通常の例大祭では神社大神輿が、特別なお祝い事がある時には惣町大神輿が渡御している。近年慶事が多かったせいもあり、惣町大神輿が頻繁に出輿しているが、最近では平成十九年（二〇〇七）に皇室慶事で出輿した。なお、平成二十五年（二〇一三）には惣町大神輿創建二百年を迎える。

ともあれ、未明の二時三〇分から、境内で御霊入れ神事が漆黒の闇の中で厳かに行われる。神輿に御霊が入り、神輿に下がる赤い提灯に灯が入ると、宮司・関係者ご挨拶の後、いよいよ神輿の宮出しが開始される。赤い提灯の灯の元、闇の中に神輿が荘厳に浮かび上がり、大拍子の独特の担ぎ上げの調べとともに神輿が上がる。神社鳥居に比して神輿が大きいので、宮出しは鮫洲祭禮会の面々が横棒を脇に抱え、揉みながらとなるが、この情景もまた美しい。広い境内の中、この一瞬の情景を多くの見物人が固唾を飲んで見守る。このとき境内を埋め尽くす人の多さは、とても深夜の三時とは思えない。

鳥居を出て、神輿は旧東海道で一旦降ろし、渡御用の長い担ぎ棒と交換する。大方の神輿と違い縦棒は台輪の中を通さず、縦棒に神輿を載せる。その縦棒へ神輿の前後に三本ずつ計六本の横棒がついて、担ぎ手は横棒の方にとっついて担ぐ。大拍子と担ぎ手の担ぎ方がマッチして飽かずに眺められる。鮫洲に限らないが、旧東海道沿いの神輿は大半が、この「城南担ぎ」と総称される担ぎ方で、大拍子に合わせ神輿の上がり、指し、降ろしまでが整然と統制のとれた形で行われる。

渡御は深夜の旧東海道を中心に朝七時近くまで行われ、氏子三ヵ町近くに

鮫洲神社大神輿

差し掛かると、各町山車上でお囃子が賑やかに奏でられる。七時近くに神輿は一旦御旅所の御仮屋に入られる。

八月中旬の暑い夜、神輿につけられた赤い丸提灯の灯が闇の中で神輿の揉みとともに、旧東海道鮫洲の町を揺れる様《さま》は、鳥越の夜祭りとは全く違った情景をつくり出している。深夜の闇から陽が昇り始める時刻まで、空の色が刻一刻と変化していくのは、なんともいえない情景の一つだ。ついついその中に身を置いていたくて、宮出しの時間に神社に行ってしまう。因みに神輿は、翌日の午後三時に御仮屋を出輿し、同六時に宮入りする。このときには丸提灯は神輿に付いていないので、前夜とは全く違う情景が現出する。宮入り後は、鳳凰につけられていた稲穂が若衆によって蒔かれ、人々がそれを取り合って神輿渡御は終了する。

その昔、神輿は鮫洲の海に海中渡御を行い、笛の吹き手と太鼓の打ち手は神輿屋根に乗っていた。そのため、落ちないように吹き返しの厚さが非常に厚いのも、鮫洲神輿の大きな特徴である。そうした光景の写真が残っており、また鮫洲の祭礼の一部始終は、鮫洲祭禮会のインターネット・ホームページにも詳細に載っている。是非そちらもご覧いただきたい。

（斎藤）

半原神社と八雲神輿

半原神社細野氏子会　会長　鈴木光雄

古老の言い伝えによると、延宝二年（一六七四）に、野久保の小島金右衛門という人が、半原字樫原三三二六番地の場所へ牛頭天王《ごずてんのう》（速須佐之男命）を祀り、八雲神社を建てて信仰した。それが次第に近隣の尊崇を集めるようになり、村の社になっていったらしいが、それを裏付けるものは、いまのと

ころ見つかっていない。

下って、明治七年十二月、社を現在の半原神社の境内に移した。この頃の祭日は、七月二日（旧暦）だったことが記録に残っている。

現在の神輿は、明治三十年八月、半原の宮大工の棟梁、矢内右兵衛高光の手によって造られたものだ。その折、古い方の神輿は、屋根の形を直して、以前八雲神社のあった山中に覆屋を造って移し、津島神社（祭神は速須佐之男命）を勧請した。これが、いま両向にあるお天王様だ。

矢内棟梁（一八二二～一九〇七）は、江戸城普請に携わり、苗字帯刀を許され、幕府御作事方として、半原宮大工衆団矢内一門の大統領を務めた。神社仏閣に屋台、神輿等を建造し、新造十数基の神輿は未だ各所で貢献されている。二百余年前に建立された茅ヶ崎市鶴嶺神社神輿は、茅ヶ崎浜降祭に筆頭で渡御参加している。

その後、明治四十三年十月十日、八雲神社は他の九社と共に半原神社に合祀された。そして、八雲祭の名の下に、七月二十四日を宵宮、二十五日を神輿の渡御の日として、五地区輪番のもとに、毎年盛大な夏祭りが続けられてきた。時代の推移により近頃では、当たり日に近い、土、日曜日に行われるようになっている。

以下は、神輿の修理についての記録である。

大正七年七日、矢内高秀（右兵衛の孫）により修理が行われる。

昭和十一年七月、八木基治により大修理が行われる。

昭和二十五年七月、地元の宮大工、八木基治、小島市次、小島英五郎、小林高治、三浦福太郎の五人によって大修理が行われる。

昭和三十年七月、厚木市、入沢塗装店により塗替えが行われる。

昭和四十三年七月、千葉県市川市行徳　後藤直光により大修理が行われる。

昭和六十三年七月、小田原市中村原　西山久夫により大修理が行われる。

平成十八年より千葉県我孫子市、椎名正夫により七度目の大修理が行われる。

平成十九年七月二十二日、午前九時の出御より午後九時まで、半原地域を巡幸。

この度の、建立百十年を経た神輿の大修復なっての、豪華絢爛の神輿渡御はまさに記念すべきものであった。

半原八雲神社の神輿

神輿師 椎名正夫

宮　司　甲賀裕樹

鎮座地　神奈川県愛甲郡愛川町半原

祭礼日　七月二十四、二十五日に近い土曜日

神　輿　明治三十年、矢内右兵衛高光作。台輪寸法四尺、延屋根、総漆塗

厚木市内より国道四一二号線で三十分ほどの、山あいの静かな佇まいの半原。坂を下った旧道沿いに半原神社があり、木々に囲まれた境内に八雲神社の宮神輿が鎮座する。

この神輿は、明治三十年、半原の宮大工矢内右兵衛高光の手により製作された。矢内家は、江戸時代、江戸城の建築に携わった大工集団であるため、造りは素晴らしい出来だ。

以来毎年、盛大な夏祭りが続けられてきた。神輿は近くの川に入り、禊ぎを行なう。今までに何回も大修理が行われているが、平成十八年より七度目の大修理が行われ、木部腐れがあり修復は大変だったが、神輿は見事に甦り、盛大な祭礼が行われた。

東大島神社「御鎮座五十周年記念大祭」

東大島神社　宮司　内海壽之

平成十四年八月、当社が現在の地に創立され五十年が経ったお祝いとして、大神様の「御鎮座五十周年慶祝大祭」が賑々しく執り行われました。当社の本祭りは四年ごととなりますが、その間の例祭であるにもかかわらず、大変盛大に行われました。

江戸時代、大島の町の成り立ちとともに鎮守様として、永平神社・子安神社・小名木稲荷神社・南本所牛島神社・北本所牛島神社の五社が創建され、以来、各町内の鎮守の神様と尊崇されてきました。しかし昭和二十年（一九四五）三月、第二次世界大戦の大空襲により、町内の家屋はもとより五つの神社も一切が灰燼に帰してしまい、このため五社の総代ならびに有志が相寄って諮り、昭和二十七年、現在の地に五社を合併して社殿を建立、それが東大島神社となりました。

焼失した五社それぞれに神輿がありましたが、それらも社と共に失われてしまいました。新調にあたっては協議が行われ、まず昭和二十八年に六尺の山車を新調し、続いて昭和三十一年の大祭に合わせ三尺一寸の本社大神輿、昭和三十五年に一尺五寸の子供神輿を五基新調しました。新しい神輿が順次つくられるに従って、大島の街並みも年々賑やかさを増していきました。

四年ごとの大祭に出御していた大神輿ではありますが、昭和五十年代より担ぎ手が減少し始めてきました。この神輿も神輿同好会のもとに行われる年が続いておりましたが、氏子若衆の交流とさらなる町の発展を鑑み、昭和六十一年、氏子青年会「若睦会」が発足し、二年後の大祭に向けて神輿担ぎの

若睦会役員

練習が始められ、昭和六十三年の本祭りでは東大島の大紋をつけた担ぎ手で今までにない賑やかな祭りが執り行われました。

このような中、四年に一度の大神輿出御ではなかなか担ぎ手の育成・保持が困難であろうという事から総代会で協議され、毎年出御できるような神輿の新調が決議され、「今上陛下御即位記念」事業として二尺の本社中神輿が平成二年に納められました。

大神輿は四年ごとに、間の三年間は中神輿で、年々賑やかさを増してゆく中、一日だけの出御では氏子町内くまなく巡る事はできないということで、平成八年の神幸祭前日（土曜日）の夕刻より、中神輿に提灯を取り付け、宵宮祭としての巡幸が始まりました。

当社の巡幸の特色として、他社で行われている町渡しの流儀はありません。宮出しから宮入りまで、「若睦会」を始め氏子町内の者が心を一つにして神幸祭を行なっています。戦前にあった五つの神社が一つに合併して以来、氏子町内がつねに一致団結して物事を行い、町の境なく巡幸を行っています。各町の休憩所ではそれぞれの特色を生かした飲み物・食べ物が用意され、担ぎ手の楽しみの一つとなっています。

祭礼の日程は、八月の第一金・土・日曜で行われ、境内では三晩納涼踊りが催されます。「若睦会」発足と共に納涼太鼓会も立ち上がり、宵のうちの奉仕に向け練習に励んでいます。また神輿巡幸の奮起を目的として組太鼓会が組織され、神幸祭の宮出し・宮入りを始め他社の祭礼や地域の行事にも奉仕し研鑽を積んでいます。平成十六年にはお囃子会も組織され、大神輿・中神輿巡幸の囃子方として、毎週の練習を欠かさず指導を受けています。

創立五十年が経ち、大型集合住宅が立ち並び、当初の街並みの面影は今ではもう見受けられません。しかし町人たちの心意気は今も変わる事なく、祭りを通じて人の輪が年と共に広がっていくのは、正に大神様の御神徳に依るものでしょう。

新小岩四丁目天祖神社

本社神輿

昭和十年代作、作人不詳。台輪寸法一尺八寸。昭和五十三年に修復。

昭和五十三年に修復した記録があるが、多分戦前の神輿だろうとは、地元の方の話である。

JR新小岩駅から線路に沿って、小岩方面に向かってしばらく行くと天祖神社が鎮座している。氏子範囲は広く、新小岩駅前商店街周辺が主たる地域であるが、駅の北口も氏子範囲となっている。

祭礼は四年に一度の本祭りとなっており、八月二十日近辺の土日である。本祭り以外にも町会によっては神輿を担いでいるが、本祭りの年には特徴的なことが二つある。ひとつは土曜日の早朝からの本社神輿巡行である。朝の神事後、本社神輿が白丁によってしずしずと肩を入れられ、鳥居をくぐり、しばらく担がれた後にトラックに載せられ、広い氏子地域を廻り十時近くに還御する。

もうひとつは氏子神輿の勢揃いである。これは日曜の十時過ぎ、新小岩駅前に氏子神輿が勢ぞろいして連合渡御するもので、日曜の人通りと相俟って駅前が大層賑やかになる。

（斎藤）

八重垣神社の由来

八重垣神社宮司　匝瑳吉昭

鎮座地　匝瑳市東本町イ二九三九番地

祭神　素盞嗚尊・事代主命（恵比寿様）・倉稲魂（生産の神）

当社の創建は第五十二代嵯峨天皇の御宇、弘仁二年（八一一）に物部朝臣、匝瑳連足継公が鎮守府将軍として本州を鎮めた時、この地を廻り、美しい国と称え、祖神小事大連の直筆に係る八雲の神詠を奉祀するため、荒涼たる水沢と葦原であった現在の地に、大塚を築き宮を建て、国造の出雲神を奉祝して祈願所として、牛頭天王宮と称したと伝えられる。

正中二年（一三一四）、永徳元年（一三八一）に社殿を改修、享禄三年（一五三〇）に社殿を改築して社名を福岡明神と改め、神輿を新造して祇園祭を執り行なったとあり、現在の祇園祭の創始と思われる。

慶長十一年（一六〇六）、元和十年（一六二四）、寛文六年（一六六六）と社殿の修改築が行われたが、同年冬、見徳寺前の牢倉に住む受刑中牢人の失火により、見徳寺の建物、医王寺付近の民家が焼失し、当社も類焼したが御神体は別当寺（見徳寺）に移祭された。

延宝三年（一六七五）仮宮を建立して遷座。正徳五年（一七一五）に至り新社殿を建立。文化五年（一八〇八）社殿その他の大改修をし、御法楽式を盛大に行った。

天保十一年二月晦日（一八四〇）俗称「按摩火事」により、町の大半が焼失。当社も当時は萱葺きの社殿だったため再度類焼。社宝・古文書の全てを消滅した。

御神体は、当時の宮世話人、横町江波戸丹波（現ＪＲ駅前間淵家）、横町鈴木源左ヱ門家、小別当山桑村宝鏡院によって搬出され、別当寺（見徳寺）に移祭されて明治維新を迎えたと伝えられている。

明治元年（一八六八）神仏分離の太政官布告が発せられた同二年、当社は維新の騒乱の最中に、村の総意・総力を結集して、社殿の造営に着手。同五年竣工し、見徳寺より御神体を新社殿に奉迎して盛大な遷宮の大儀を執行。翌三年、村社に列格。社名を村社八重垣神社と改称して今日に至る。

八重垣神社祇園祭

八重垣神社責任総代　代表　河野十九人

八月四日式典早朝、午前六時、十町内および来賓が約五百名集合し、式典が行われた。七時三十分、猿田彦（天狗）を先頭に神社神輿、自町の神輿二基を中心に、来賓、各町役員等全員で、年番町のお旅所（仮設）まで祭列を組みお届けをした。

午後四時から女神輿の渡御が行われた。十町内より、女性の担ぎ手ばかりの神輿が十基出、お囃子は男性も手伝い、大変盛観であった。午後十時まで、観衆も含めて数万人の人出で賑わった。

八月五日午前十時、中央小学校の校庭に集合。壇上にて出発前の儀礼諸作法の説明後、年番町神輿を先頭に二十数基の神輿が出発し、渡御の行列はまさに壮観であった。十町内全域を巡り夕刻七時前後に神社に還御。年番町は十年に一度の年番行事なので、終了を惜しみ午後十時の、門限いっぱいまで揉みに揉んだ。これは参加した者でなければ味わえない、本当の醍醐味で、八日市場が最も自慢とするところだ。

八重垣神社大神輿記録

解体修復の際、旧胴体の内面に、左記のように、過去の塗り替え修理記録が明細に筆書きされているのを確認。これにより、神輿本体の製造時期は、幕末または明治初期の作と推測された。

実に百数十年を経た神輿を、毎年欠かすことなく元気よく奉担していることからも、深い愛情が伝わってくる。今後も大切に保管していく所存だ。

修理記録

年月不明　東京市本所区荒井町四〇　塗替　桑原賢太郎

明治二十五年旧六月十八日　塗師職大川憲次郎　弟子勝又倉吉

大正十一年八月二日　塗替　銚子浜町　大塚朝吉

昭和五十年七月　大修理　東京都台東区浅草六丁目一―十五　宮本卯之助商店　台座ボート締めになって居り驚く

平成十六年八月～十七年七月　大修理　我孫子市　神輿師　椎名正夫

八重垣神社祇園祭について

年番町砂原区神輿管理委員長　森川清延

毎年、八月四日、五日に行われる市内最大の夏祭りです。

八重垣神社を中心に、中央地区氏子十ヶ町が年番制度（砂原区、東本町区、西本町区、横町区、福富区、萬町区、田町区、上出羽区、下出羽区、仲町区の順番で一年ごとに替わり、年番が終わると一番後にまわる）で十年に一度まわってきます。年番町が祭りのすべてを取り仕切ります。

平成十九年度は砂原区が年番町のため、砂原区の神輿を先頭に、連合渡御などの行事が行われました。八重垣神社の神社神輿は、年番町の氏子のみ担ぐことが出来ます。そのため、十年に一度しか担げないので、待ちに待った年番です。山車巡行もあり、演芸や歌謡ショー、年によっては花火なども行われます。

八月四日　御神幸祭（宮出し）

四日の早朝四時頃から、氏子年番町が町内神輿を担ぎ、八重垣神社に詣で、神社神輿を組み立てます。御魂を入れ、神事の後、七時頃に猿田彦大神（天狗様）を先頭に宮出しとなります。神社を出た神社神輿は、町内神輿と共に商店街を勢いよく揉まれ、年番町内へと向かいます。御旅所神事の後、町内を廻り、本町通り商店街にあるポケットパーク前の御仮屋に飾られます。神社神輿は、五日の夜までこの場所に鎮座します。

祭りの数日前から、錺りは付けられませんが、この御仮屋に飾られるので、祭りの前でもこの神輿を見ることが出来ます。

八月四日　女神輿連合渡御

四日の夕方から、全国でも珍しい女性だけで担ぐ女神輿渡御が行われ華やぎます。女神輿連合渡御は午後六時頃からですが、早い町内では、午後四時頃から担ぎ出します。出発式の後、提灯で飾った十ヶ町、十数基の女神輿が大観衆の中、綺麗に揺れて行きます。一方男たちは神輿を担ぐことはできないので、お囃子に専念し、浮かれ踊り、大小太鼓を担いで跳ね回り、女神輿を囃し立て、夜九時頃まで練り歩きます。女神輿は昭和五十年頃から担がれて続けています。

八月五日　町内神輿連合渡御

五日の朝から各町担ぎ出し、十時頃、市内の中央小学校校庭に集まります。出発式の後、年番町を先頭に連合渡御が始まり、氏子十ヶ町から三十基近くの大小神輿とお囃子連が繰り出します。笛、大太鼓、附締太鼓、大鼓、小鼓、

年番町、砂原町神輿

当たり鉦、の軽快なお囃子に合わせ、この地方独特の「あんりゃあどした」や「よお〜い、よいやさ」などの威勢の良い掛け声で囃し立てられる中を担がれ、一キロにも連なる連合渡御の行列はとても勇壮です。

真夏の燃えるような暑さの中、バケツで冷水を担ぎ手や神輿に次から次へと浴びせる様子や、各町内の祭囃子を聞き分けたり、各町内神輿の違いを見比べたりと、見る者を飽きさせません。

朝から担がれ、十ヶ町内を廻った神輿は、午後三時頃本町通りにたどり着き、一頻り大揉みしてから八重垣神社へと上がり、宮入りして夕方六時過ぎに連合渡御は終了します。その後、年番町を除く各町内神輿は商店街を担がれ帰途につきます。

神社神輿還御（神社神輿宮入り）

年番町氏子は連合渡御終了後、神社神輿を提灯で飾り町内神輿と共に、御仮屋より年番町内へと向かいます。町内をひと廻りして本町通りに戻り、最後に大観衆の中で思う存分担ぎ廻り、八重垣神社へと宮入りします。四日、五日両日共、夕方から夜にかけて本町通りは歩けないほどの多くの人々と熱気に包まれ、千葉の田舎町の祭りとはとても思えないほどです。一年中で最も燃える二日間です。最近では、担ぎ手を募集している町内も多く、一般の方も参加することが可能になっています。

第一回目の町内神輿連合渡御は、子供神輿連合渡御として大正十五年に行われました。砂原区コミュニティセンターに当時の写真があります。それ以前は、各町それぞれ自由に担ぎ廻っていましたが、度重なる揉め事や、神輿同士の喧嘩などが絶えませんでした。そのため、当時の中央小学校の校長先生が発案して連合渡御が始まりました。当時大人たちは、神社神輿だけを担ぎ、町内神輿は担ぎませんでした。

年番町が宮出しをして、その後、各町内が町内廻しをしていましたが、大

取手愛宕神社

きな町内や、力のある町内が長時間担ぎ、小さな町内には神輿が廻って来ませんでした。そのため現在の神社神輿渡御の形がつくられました。現在の連合渡御の出発地が中央小学校なのは、その名残りです。近年は大人も町内神輿を担ぐため、大きめで優美な、姿の凝ったものが各町内で新しく作られ、若衆の神輿自慢に花が咲きます。

椎名神輿について

千葉県指定伝統的工芸品　江戸神輿　神輿師　椎名正夫

当社神輿は、吟味された桧、欅、樫などの木材を使用した、伝統的な木割により正確に製作した木地に鍔金具、本漆塗、金箔押、彫刻等、全てに於いて最高の職人技を用い精根こめて製作しています。

オーケストラの演奏と同じです。どれか一つ欠けても良いものは出来ません。特に各部共釘を極力使用しないのが特徴です。枘の場合、荒揉みにも耐え後の修理も容易です。

取手愛宕神社の神輿

宮　司　大手春樹

鎮座地　取手市新田四丁目四番十一号

祭礼日　八月二十三日に近い土、日曜日

神輿　台輪巾二尺八寸、総欅造り、延屋根。

神社由緒書によれば「元禄十五年九月、天迦具土命を鎮祭。元大鹿村に居住した平将門の後裔大鹿氏は、一門七十余戸の鎮守であった。寛文年間、水戸街道開通により、元禄八年から同十四年の間に大鹿から当地へ移転を余儀

鎌倉八幡神社

なくされたという。大鹿城跡周辺の元屋敷、仲間台、添弁天の妙見、稲荷、天神も移転して当社側に祀った。

明治六年六月、村社に列格。同四十一年九月村内水神社を合併。昭和二十七年八月十二日宗教法人設立。同二十七年八月、国道六号バイパスのため、取手乙一五一七から、現在地に移転し、社殿を造営した。同四十六年、当社創建二八〇年を斎行。境内地の一部を竹内広より寄進される。結城安次、結城四郎より鳥居、関根山力より三幟立を奉納される」とある。

取手は、江戸時代、水戸徳川家の宿泊地として栄えた宿場町で、旧本陣も現存している。愛宕神社は、国道六号線、大利根橋を渡った丘の上にある。

愛宕神社の宮神輿は、昭和六十一年、町内の醸造家結城氏より新調奉納されたものだが、当時、神輿製作の道に入った私にとっては最大のものであった。荒揉みにも耐えられるように、とくに念入りに製作したことを思い出す。以来、毎年盛大な祭礼と渡御が行われている。

鎌倉八幡神社の神輿

宮　司　関　保規

鎮座地　葛飾区鎌倉

祭礼日　九月の第二日曜日

神輿　台輪寸法二尺三寸、屋根延型、総欅造。

フーテンの寅さんで有名な、柴又帝釈天を南に二キロほど行った所に、鎌倉八幡神社がある。昔、鎌倉街道が通っていたので、その地名になったと云われている。八幡講があり、講元田辺氏を中心に活動されている。

八幡神社の宮神輿は、平成八年に製作。以来三年に一度、盛大な渡御が行われている。

下出羽町神輿

八重垣神社下出羽町神輿

平成十七年、二年後の祭礼年番に当たる下出羽町会より、神輿製作の依頼を受け打ち合わせに入る。神輿通の方が多く居られたので、色々なご要望を沢山いただく。

その結果、台輪二尺三寸、二重台輪、鋳物金具、四神彫刻入り、狐嫁入り胴嵌、神話、獅子頭は籠落し、十二支欄間、腰桝組、龍頭尾垂木桝組、屋根唐破風は本割型とし、各地の神社の最も美しいものを参考とした。水掛け荒揉みするため、特に堅牢に、また、屋根は大きく見えるようにするのに苦労した。

錺り金具は、特注品地彫飾紐は綱掛けに一年七ヶ月をかけた。出来上がった神輿で盛大に長時間の渡御が行われている。（八月四日三時間位。八月五日十時間以上）今では、年に一度の再会が楽しみと成っている。

野田須賀神社の神輿

宮　司　高梨　斉
祭礼日　七月十五日～十七日の日曜日
鎮座地　野田市野田三十番
神　輿　江戸末期作、作者不詳。台輪寸法四尺、延屋根、総漆塗。

醤油の町野田、キッコーマン本社の前に鎮座する須賀神社の宮神輿は、江戸時代末期の作と云われている。

平成九年に解体修理を行った。台輪を新規に交換、漆塗り替え、金箔押し直し、錺金具直しを施し、素晴らしい神輿に甦った。

醤油倉の立ち並ぶ中を渡御する様子は、まるで江戸時代にタイムスリップしたかの様であった。祭礼の中日には、関東の奇祭と言われる「つくまい」（蛙

野田須賀神社

の格好をした男が、地上十四メートルの丸柱の頂上で、雨乞いのため行う曲芸）が執り行われ、十日後には神輿十数基が参加する「野田みこしパレード」も行われる。

我孫子八坂神社の神輿

宮　司　湯下正雄
鎮座地　我孫子市我孫子
祭礼日　七月十七日、十八日に近い日曜日
神　輿　江戸末期作、作者不詳。台輪寸法四尺二寸。延屋根、総漆塗

江戸時代、水戸街道の宿場町として栄え、近代（明治～昭和）には、大勢の文人墨客が移り住んだため、北の鎌倉と称されるように成った。国道六号線の南側を通っている旧水戸街道、駅前通りと交差した大鳥居の在るところが八坂神社だ。

八坂神社の宮神輿は、台輪巾四尺二寸の大神輿。総漆塗、尾袖木付きの迫力ある枡組、三方胴嵌彫刻、流麗な屋根、なんともいえない味わいのある造りで、水戸街道を代表する神輿ではないかと思われる。

平成元年に解体修理をしたが、内部等に墨書などはなかった。しかし、木部の様子、過去の漆塗の回数から江戸時代末期の作だと思われた。

祭礼日当日は、午前十時、神事の後、盛大な渡御が行われ、午後九時、数千人の見守る中、宮入りとなった。

我孫子八坂神社

江戸崎鹿島神社

千葉神社

鹿島神社の神輿

宮　司　千田正之
鎮座地　稲敷市江戸崎町荒宿甲三一八〇
祭礼日　七月最終日曜日
神　輿　江戸末期、作者不詳。台輪寸法　三尺五寸。延屋根、総漆塗。

鹿島神社の宮神輿は、台輪三尺五寸、延屋根総漆塗の堂々たる神輿だ。屋根、台輪紋、その他至るところに戦国大名土岐氏の家紋（桔梗紋）が施されていることから、土岐氏の大きな影響がうかがわれる。安政年間に江戸で製作され、舟で運ばれて来たと云われている。

特徴としては、非常に精密かつ堅牢に出来ており、神輿専門の大工（神輿師）によって造られたものと思われる、独特のつくりだ。

神輿は平成十九年に解体修理を行なった。製作されて以来初めての大修理により、製作当時の姿に甦ったのではないかと思う。

千葉神社祭礼

千葉市の中心街に御鎮座する千葉神社の御神祭は、天空の中央を動くことのない北極星と、北斗七星の神霊である「北辰妙見尊星王」です。妙見さまと呼ばれるこの神様は、かつてこの辺りを統治していた千葉氏代々の信仰が厚く、また源頼朝や徳川家康の崇敬も厚く、十万石の大名と同等の格式を賜っておりました。現在でも八方除の神様として、全国の妙見信仰の中心的な存在で、多数の参拝人で賑わっています。

この妙見様の祭りは、大治二年（一一二七）以来、一度も休むことなく行なわれており、現在は毎年八月十六日から二十二日までの一週間に亘って

寒川神社

行なわれます。

またこの期間中の土日は「親子三代夏祭り」と名前がつけられ、町内や子供の神輿の出る、街をあげての大イベントが同時に実施され、市内は大変な賑わいを見せています。

さて、祭礼の初日の十六日は、宮出しの後、デパートやビルの並ぶ市内のメインストリートを通り、千葉県庁そばの香取神社の御旅所に安置されます。最終日の二十二日、再び御旅所から担ぎ出された神輿は、繁華街を通って神社に戻ります。なお、この千葉神社の神輿は、要所要所で三度下に降ろして、三度目に差し上げるという独自の担ぎ方で、また神輿の先導となる太鼓も、向かい合った二人が左右から叩く「二段打ち」と言われる方法で行なわれます。神社の宮入りは夜七時を過ぎる頃ですが、まるで竜宮城と見間違えるばかりの拝殿と尊星殿の間の境内にて、多くの提灯の光に照らされた朱塗りの神輿が、大観衆の中で揉まれる光景は、まことに壮観そのものです。（高橋）

千葉市・寒川神社祭礼

寒川神社と言うと、神奈川県の方は、四十基近い神輿が茅ヶ崎海岸にて禊を行なう、「浜降祭」で有名な相模国一之宮、寒川神社を思い浮かべる方が多いかと思いますが、千葉市の寒川神社でも、神輿を夕方海に入れる「御浜下り」と言う神事を行ないます。

江戸時代は、この地を治めた千葉氏の守護神である妙見様（現在の千葉神社）の祭礼の一部でした。当時の寒川村の氏子の方たちが、大漁を祈願して妙見州（現在の土木事務所あたり）で神輿の海中渡御を行なったのが始まりと言われています。戦後になり、寒川神社の神輿新調を機に、独立した寒川神社の祭礼として「御浜下り」が行なわれてきましたが、海岸の埋め立てに

華酔会

より中断していました。その後、氏子の方々の熱い御要望により、平成十年（一九九八）の旧蹟地での神事をきっかけに、翌十一年からポートタワー下の人口海浜において、再び「御浜下り」が行なわれています。

始めは、海岸の渡御や日中の「お浜下り」でしたが、平成十四年（二〇〇二）、昔ながらの日没後の「お浜下り」が、四十年以上の時を隔てて実現されました。

現在は、朝八時頃の宮出しの後、氏子町内を廻った神輿は、夕方、トラックでポートタワー下に到着。神事の後、六時半ぐらいから「お浜下り」を行ないます。海に入ってはまた浜に上がる、という事を三回繰り返しますが、最後の頃には、日もとっぷりと暮れてきます。夏の夜の海に、神輿の金具が提灯の明かりにキラキラと輝き、それがまた海に反射する様子は、他では見られない幻想的な光景です。宮出しや宮入りの迫力ある様子とは異なる、街灯の無かった昔の神輿渡御は、おそらくこんな感じだったろうと思わせる、神々しい様子を見ることが出来ます。この後、神輿は神明公園から宮入りを行ない、神社到着は夜の九時過ぎとなります。


（高橋）

旭川女みこし華酔会

神輿塗師　藤戸伸治

北海道旭川市さんろく街（北海道では札幌市すすきのに次いで二番目の歓楽街）、ここで毎年八月初旬に「さんろく祭り」が開催される。三日間で来場者延五十万人（推定）の大きな祭りです。「さんろく祭り」は昭和五十五年（一九八〇）九月に第一回が開催され（第三回から八月に移行）、平成十九年（二〇〇七）で二十八回目になります。

朱漆塗	白漆塗
屋根表全体	屋根裏全体
露盤	上下長押
棰	浜縁全体
堂柱	階段
堂羽目板	鳥居（笠木除く）
鳥居笠木	囲垣
地覆	唐戸
勾欄	
台輪	

金箔押	朱塗鏍鈿蒔
彫刻	正面唐戸方立
枡組	後面堂羽目彫刻枠
駒札文字	駒札正面
	正面唐戸左右螺鈿鶴細工

仕様表

第三回目の最終日、神輿連合渡御があり、その中に女性だけで結成された「女みこし華酔会」という団体があります。会員は、さんろく街で働く女性が中心で、結成は平成七年（一九九七）、地元の宮大工が、"だんじり神輿"（大阪岸和田のだんじりに似せた）という屋根に人が乗る大きな神輿を作り話題になりました。しかし、女性が担ぐには重すぎ、形も東京下町で担がれる江戸神輿とは異なる神輿でした。そこで「江戸神輿を担ぎたい」という会員達の要望で新たに製作することになりました。

人伝えに私のところへ話しが来たのが、平成十七年（二〇〇五）春のことでした。しかし、その年八月の祭りまでに完成させるのは無理なので、翌年の祭りまでに新調することになりました。まず、うちにある台輪寸法一尺八寸の江戸神輿を担いでもらい、重さ、大きさ、担ぎ具合を見た結果、一回り大きい台輪寸法二尺の江戸神輿を製作することになり、内容は私に一任されました。

製作にあたって考えた結果、女性が担ぐ神輿なので、屋根はなだらかな延屋根、台輪は三味線胴、階段、勾欄付きと決めました。塗りに関しては、私自身、漆塗りが本業なので、他では真似できないような塗りを考えました（仕様表参照）。全体的に見ると紅白と金色の三色になります。朱塗を基本にしたのは、夏の北海道で祭りに熱く燃える女性達の心意気から、白塗は、その反対に冬の雪国の銀世界からイメージしました。そして、一年の歳月をかけて、平成十七年六月、無事納めることができました。

この事がきっかけで道内の話題になり、平成十九年六月、留萌神社神輿（三尺六寸京都型）修復、平成二十年六月寿都神社神輿（三尺八寸大阪型）修復と、毎年神輿の修復依頼を受けるようになりました。

平成十九年四月二十三日、浅子神輿店主十六代浅子周慶が亡くなり（享年八十三才）、同年十月、五百年の歴史ある老舗浅子神輿店が閉店しました。私

華酔会

が漆職人でありながら、個人で神輿製造、修理等ができたのは十五代、十六代浅子周慶と二代に亘って九年間、神輿職人として、その下で修業（浅子神輿店専属塗師として勤務）した経験があったからです。

神輿は一人の職人の力だけでは造ることができません。木地、錺金具、鋳物、漆塗、金箔押、化粧網、彫刻、彩色、メッキ加工、仕立、と専門の職人が集まってできる総合芸術です。これら江戸神輿に携わる、多くの職人たちと深く交流できたのも、私が浅子神輿店にいたからです。これからも浅子神輿（神社神輿、町内大人子供神輿合わせて一千基、推定）は残り続け、祭りで担がれます。浅子神輿店は無くなりましたが、その伝統と意志は受け継いでいかなければと心に深く感じています。

華酔会

留萌神社

I

江戸・神輿・祭礼・暦

神輿祭礼暦

秋編（九―十一月）

永福稲荷神社

永福稲荷神社「一代限りの神輿師　浅井庸光」

森田裕三

浅井庸光《つねみつ》（本名浅井清助・大正四年八月十日〜平成十五年八月四日）氏は、東京浅草に生まれた。戦前は地元清島町の南部屋五郎右衛門のもとで、彫刻師、漆塗師として修業し、戦後、中野、杉並と移り住み、現在の西荻窪に於いて、昭和二十八年より神輿の製作を始めた。生涯に、大小合わせて二十基（台輪寸法一尺〜二尺三寸）の白木《しらき》（素木）神輿を世に送り出している。

終戦直後は仕事らしい仕事も無く、彫刻師としての腕を生かして進駐軍相手に、木彫りの民芸品の製作販売や、アルマイトの弁当箱の蓋に彫金風の細工を施す等の仕事で、日々の生計を立てていたそうだ。

戦後の復興からだいぶ経ち、社会が落ち着きを見せ始めた昭和二十七年頃になると、平和の象徴である祭りの再開が各地で盛んになってきた。近隣の町でも祭りの再開と共に神輿製作の話が持ち上がり始め、昭和二十八年になって、浅井氏の所にも神輿の製作の依頼が飛び込んで来たそうだ。

まず最初に、世田谷区下高井戸の松原菅原神社氏子の松原三丁目町会より、二尺三寸の神輿の製作依頼を受けた。

本来、彫刻師、漆塗師としての浅井氏は、神輿本体の木地を、修業時代より親交のあった志布正治（後に、昭和の名工と謳われた神輿師志布景彩）氏に製作を依頼し、その神輿木地に自らが彫刻をした龍頭隅木、龍頭桝組や龍巻鳥居、台輪の四神彫等を組み上げた後に、屋根や細部に丁寧に漆を施して完成させたそうだ。

続いて、地元町会である西荻窪南銀座商店会神輿（台輪寸法一尺六寸）の

昭和28年9月永福稲荷神社本社大小神輿納受式当日、浅井康光氏とその家族

製作に取り掛かり、その神輿の製作中に、杉並区永福町の鎮守永福稲荷神社の当時の宮司さんの目に留まり、即座に栄えある神社神輿の製作依頼を頂戴することになった。自慢の彫刻が冴える永福稲荷神社の神輿（台輪寸法一尺八寸）は、現在も毎年九月のご祭礼にて、地元の睦会が中心になって、氏子町内を威勢良く渡御している。

生前、浅井氏に思い出に残る神輿についてお聞きしたところ、微笑みながら、「やはり、永福町のお稲荷さんの神輿ですね」と言っておられた事がとても印象に残っている。

神輿の製作は、昭和四十年頃まで続けられた。その後は、仏壇仏具の卸販売等も手掛け、晩年は、神社、仏閣からの依頼による奉納記念額の彫名製作や小型の神仏像の彫刻品を製作し、浅井神仏具店々主として、平成十五年に八十七歳で天寿を全うされた。（＊故浅井庸光氏夫人、ヨシ子氏承認済）

加平天祖神社

大正末期、行徳・後藤直光作。台輪寸法二尺

この神輿も、神社、神輿庫探訪の途中で見つけた一基である。神社は首都高速道路の加平インターからほど近く、東京メトロ綾瀬駅からの支線の北綾瀬駅からでも徒歩十分ほどである。最初の探訪時は、大きな神輿庫に前回祭礼時の寄付者名などを示す掲示などがあったので、期待をもって神輿のことを尋ねようとしたが、聞くところがなかなか見つからなかった。ようやく付近のお店で聞くことが叶ったら、「大祭は五年に一度、昨年が大祭でした」でガックリ、思い出の神輿である。

それから待つこと四年、花畑大鷲神社のご教示で祭礼日を確定出来た。しかし、困ったことに大祭は九月で、都内各地でまだ見たことのない神輿渡御

加平天祖神社

の日と重なってしまった。各神社の宮出し、宮入り予定時間を調べ、どのルートをとれば全てが観られ、撮影が可能かを、何回も何回も想定して計画を練り直した。

結局そのときの宮出しは、家内の協力を得て撮影してもらい、自分自身は昼頃に駆けつけた。大正末期に行徳から舟で運んだ記録があるそうだ。四年間待ち望んでようやく撮影が出来て、なおかつ大正時代末期の古神輿の雰囲気を十分に感じ取ることも出来て大いに満足したものである。この神輿の彫刻で特徴的なことは前後左右すべてに四神の玄武が彫られていることであろう。普通は青龍、白虎、朱雀、玄武の四神がそれぞれの東西南北の方位に彫られるものだが、そういう意味では玄武のみというのは稀有の例ではなかろうか？　また地元の担ぎ手の皆さんも、本当に祭りを楽しんでいることが随所に感じられる渡御風景を展開している祭礼であった。

それから更に五年、平成十八年の本祭では、前日の土曜日に赴いたところ、丁度兼務されている花畑大鷲神社の宮司さんがみえ、丁重な式典後に御霊入れが厳かに行われたところであった。地元のご婦人方は揃いの浴衣姿で参加され、前回同様、町ぐるみでこの祭礼を楽しみにしておられる様子が良く伝わってきた。日曜日の神輿渡御では、前回と異なり、胴に晒しが巻かれているのは、写真を撮る側にとっては胴体が見えず残念であった。九時に宮出しをして、一旦昼頃に神社に戻り、午後一時半頃に他の地域を廻り、四時頃に宮入りする渡御スタイルである。この神輿は出輿頻度が限られるのと、地域的にはなかなか行きにくい場所なので、今般是非紹介しておきたかった内の一基である。

（斎藤）

上高田氷川神社

昭和八年（一九三三）、行徳の後藤直光の作。台輪寸法三尺三寸

中野区上高田氷川神社の神輿は、屋根からすべて欅木の総彫りで出来た大神輿である。近年は三年に一度の本祭に渡御されている。一番近い平成十八年の本祭では、神輿創建後初めての大修理が、浅草の岡田屋布施によって行われたばかりの姿で渡御された。神社は中野第五中学校に程近いところにあり、小高い丘の中腹といったような地形に鎮座している。神輿庫は道路を隔てた鳥居正面にあるので、宮出し、宮入りともこの神輿庫の前から行われる。

大祭の日に、神輿庫前に神社神輿の由来書があるので抜粋してみよう。

「前略…大正十五年十月、本殿の遷宮式、昭和三年十一月昭和天皇の即位の大礼が執り行われた頃より大神輿新調の気運が盛り上がり、以後神輿の選定方策、資金計画等が進められた。特に資金については困難を極め、当時としては珍しい分割払いが導入された。昭和八年三月、千葉行徳の神輿師、名人後藤茂助氏が展示用として作成中であった神輿に白羽の矢を立て、交渉を重ね、昭和八年四月契約成立、同年九月納入された。費用は二千円であった。現在価格にして二億円と推定される。大神輿は以来祭礼時に一大イベントとして隔年渡御が行われ、当時は勿論、近隣の人々の評判を得た。昭和十六年十二月、日本は太平洋戦争へと突入、昭和十七年神田祭を最後に東京の祭りは休止され、多くの神輿は戦争協力の名のもとに、金物をはずして献納するものも続出し、残余のものは空襲によって大半を焼失してしまった。この大神輿は幸いにもいずれの災害も免れ、終戦後、昭和二十一年各地に東京都復興祭が挙行されるや、いち早く当神社も祭礼を復活、以来その花形として三年に一度の神輿渡御が行われ今日にいたっている　平成七年八月吉日　上高田氷川神社崇敬会」
随所に後藤神輿の真骨頂である、非常に鋭い彫刻の切れを感じさせるもので、見る者を惹きつける。このたびの平成大修復では、この彫刻の切れが見事に残されているので安心した。
（斎藤）

八青会

盛岡八幡宮例大祭に参加して

八青会会長　志村　滋

盛岡八幡宮

康平五年（一〇六二）、「前九年の役」に際し、陸奥鎮守府将軍源頼義・義家父子が奥州安倍一族（貞任・宗任）平定のため山城国男山八幡大神を不来方の丘陵の地（現盛岡市岩手公園・盛岡城跡）に御勧請、必勝武運を祈願したのが創祀と伝えられ、後世鳩森八幡社と奉称した。

その後、当地方を治めることとなった南部家は先祖代々八幡神を氏神として仰ぐ家柄で、この社を篤く信奉しました。やがて、新たに社地を選び、寛文十一年（一六七一）に南部藩二十九代重信公が、町の中心部を整え、新八幡宮を造営し遷しました。そのような背景から、城下の民衆の間でも自然に八幡神を崇敬するようになりました。

延宝八年（一六八〇）には御本殿をはじめ、流鏑馬馬場など主要な建物や施設が整い、当地の歴史とともに発展し現在に至っています。

御祭神は品陀和気命（応神天皇）で、人生の岐路に立つような勝負時において、非常に大きな御利益が得られということから、源氏などの氏神として古くから武家に広く信仰されました。今なお、「やわたのおおかみさま」、「おはちまんさま」と親しみを込めて呼ばれています。

八青会会員

例大祭

延宝九年（一六八一）に行われた最初の「八幡宮例大祭」は、旧暦八月十四日から三日間にわたって盛大に行われました。

現在は、九月十三日の前夜祭から始まり、十四日の神輿渡御、十五日の例祭、十六日の神事流鏑馬の四日間となり、その間、約十万人の参拝者が訪れ、盛岡の街全体が賑わいます。

八青会

盛岡八幡宮の門前町、八幡町で昭和六十年（一九八五）に、町内の活性化と親睦のため、「八青会」（八幡青年部会）として発足しました。

当初は予算も無く、試行錯誤の上、腸内の皆さまの知恵と努力をお借りして手作りの神輿を作りました。その後二代目の万灯神輿は盛岡劇場落成記念、第八回国民文化祭協賛渡御等、様々な行事に参加してきました。そして、二十周年を記念して待望の神輿を新調いたしました。

「盛岡八幡宮例大祭」を主に、六月の第一日曜日に行われ、二十基ほどの神輿が集まる「大盛岡神輿祭」などの祭りを通じて、伝統文化を次の世代に継いでいくために様々な活動に取り組んでおります。

東中野氷川神社囲桃園町会神輿

「中野の町を渡御する意匠自慢の大神輿」

森田裕三

毎年九月中旬の、東中野氷川神社のご祭礼に於いて、ひときわ大きく、極彩色の見事な意匠を誇らしげに、JR中野駅周辺を渡御する大神輿があった。

中野駅南口の旧丸井本店裏手の、昔ながらの商店街の一角に、普段は車庫

囲桃園町会

として使われているような建物を御仮屋とし、その中に窮屈そうに、極彩色の彫刻が見事な囲桃園町会の大神輿が鎮座する。町会関係者の説明によると、昭和二年に行徳の神輿店にて購入したとのことで、台輪寸法三尺五寸（一〇七センチ）もあり、山の手の町内神輿としては、異例の大きさだ。

全体的に異常にたっぱの高い神輿で、吹き返しにも古典的な作風が見られ、勾欄、階、井垣も明治、大正期の神輿に良く見られるような、ゆったりとゆるやかに作られた形だ。見事な彫金仕上の金物類も厚く、ぎゅっと絞り込んだ胴は、彩色を施した立派な彫刻で埋め尽くされており、一度見たら忘れることが出来ない、非常に印象深い神輿だった。

ご祭礼期間の最終日である日曜の午後十二時頃より、大勢の担ぎ手によって地元町会を渡御した後、近隣の町内神輿と共に、中野駅前商店街を中心に夕方まで連合渡御を行っている。是非とも、一度は見て頂きたい貴重な神輿だと思う。

根津神社御遷座三百年祭

東京の街中にあって、根津や谷中、千駄ヶ谷あたりは戦災の被害も少なく、昔からの風情が残っているこのあたりは、都内の散歩道のガイドブックには必ず紹介されている場所となっています。お寺の多い谷中地区と比べ、根津や千駄木地区は今でも表通りを一歩入ると、小さい路地や坂道のある通りには戦前からのお店や住宅も並んでおり、大正ロマンを感じさせる風景となっています。根津神社も、他の大きな神社が今ではほとんど広い通りに面して建っているのとちがって、正面の鳥居や参道は大通りから一歩中に入った小道に面しており、広い境内は地元の方々の、お参りをしながらの散歩道となっている様です。

近代文学の発祥の地とも言われるこのあたりには、樋口一葉や森鴎外、石川啄木、夏目漱石等の住まいだった場所にも近く、おそらく日本を代表する作家の先生たちも、境内をお参りしながら、新しい作品の構想に思いをめぐらせていた事だと思います。

さて根津神社は遠く一千九百年の昔に、日本武尊が東征の折に千駄木の地に創建されました。その後、江戸幕府の六代将軍となられる徳川家宣公が、現在の神社のあった地で誕生されたのを機に、家宣公のお父様である五代将軍綱吉公が家宣公の産土神として、この地に移されました。

社殿は、東照宮と同じ華麗な彩色をほどこされた桃山風の権現造りで、唐門や楼門、更にはその手の込んだ細工で有名な透塀と共に、国指定の重要文化財となっています。その後六代将軍となられた、家宣公は御祭神の須佐之男命、大山咋命、誉田別命にちなみ、台輪寸法五尺以上の三基の大神輿を寄進致しました。

行列が江戸城内に入り、将軍家のご高覧になるお祭りは「天下祭」と呼ばれますが、隔年に行なわれる神田祭や山王祭と共に、この根津神社でも正徳四年（一七一四）に、この三基の神輿を中心とした天下祭が実施されました。この時の様子は、当時の絵巻物や図に残っておりますが、氏子内外からの五十台の山車が、新しい三基の御神輿と共に、江戸城内に入城するさまが記録されており、「江戸三大祭」と呼ばれておりました。

時を経て、幸いにも震災や戦災を免れた神輿だが、戦後は祭りが再興されても、神輿のあまりの大きさ故に、二年に一回の本祭りの時に、三基のうちの一基が、御所車に載せられて氏子区域を巡るだけで、三基が揃うという事はありませんでした。

この本祭りの時、神輿庫から御所車までの間の約三十メートルは、地元根津祭友会の方々によって担がれ、大勢の方が見に来られた。五月のつつじ祭

神明町天祖神社

りの時には、三基の大神輿が神輿庫の前に並べられる事はあったが、巡幸される三基の御神輿を全部見られるのは、五年目と言うことになります。

平成十七年は、根津神社が現在の地に移って三百年目という節目の年にあたり、九月の大祭は、「根津神社御遷座三百年祭」として、盛大に行なわれました。そして、この節目の年に、「御神輿もきれいに直して、かつての天下祭を再現したい」と言う氏子の方々からの熱心な御要望を受け、三年間の歳月をかけて三基の大神輿の修理が行なわれました。

そして祭礼日当日、こちらもほぼ七十年ぶりに復活した、やや小ぶりの人形山車を先頭に神幸祭りが始まりました。三百年前の輝きを取り戻した、三基の御神輿は台車に載せられてはいるものの、四点の担ぎ棒をつけられ、各地域から選ばれた黄色の狩衣を着た氏子の方々によって、氏子区域を巡幸する様子はおそらく六代将軍家宣公が、江戸城内にて御覧になったときの様子を思い浮かべる事が出来るものでした。

（高橋）

神明町天祖神社

昭和初期、浅草の仲野直助の作。台輪寸法三尺

足立区の神明は、ＪＲ常磐線の亀有駅からバスで二十分位で到着する。付近には親水路が流れ、往時の植物が植栽されている。私にとっては、以前、足立区の神社探訪と神輿調査を兼ねて、近辺の数社を巡っていたときにたどりついた思い出の神輿になる。神社には神輿庫があるが、宮司無住の社であるため、付近のお宅で祭礼や大神輿の有無を尋ね、ようやく神輿渡御日を確定できた。こうした方法は探訪を重ねるうちに会得したことであるが、兼務社である花畑大鷲神社からのご親切なご教示にも感謝したい。

大祭は原則として十月の第一週、三年に一度と聞き、初めて見に行った時

麻賀多神社

は一体どんな神輿だろうと、期待に胸を膨らせて前日の土曜日に下見を兼ねて訪ねたことを思い出す。

神輿は台輪三尺、浅草「仲野直助」という聞きなれない作人の珍しさにシゲシゲと眺めた、昭和初期作と言われるもので、その大きさと作人の手古舞がついての宮出しであった。祭礼当日は、式典の後に娘さんの手古舞がついての宮出しであった。神輿の写真撮影仲間も、初めて観る者が圧倒的に多く、これだけの神輿が遍くは知られていないのは残念である。誰しもが鳥居からの宮出しを撮影したいもので、狭い鳥居前は立錐の余地がないほど多くのカメラマンが集まった。比較的狭い車道をゆっくりと神輿は渡御し、時に脇道の方に入ると周りはまだ畑の風景。牧歌的な雰囲気の残る地域を渡御する様は、神輿渡御の原点という気もする。

その後、一度渡御されたことは確認できているが、最近は必ずしも三年に一度ではなく、諸事情もあって、もう少し渡御周期が空き、平成十九年十月には五年ぶりに渡御された。

（斎藤）

佐倉市・麻賀多神社

佐倉の秋祭り（十月第二金土日）

麻賀多神社祭礼（十月十四、十五、十六日）

古い街並みや家々の残る城下町佐倉には、現在でもかつて江戸の街で使用されていた、山車や山車人形が今でも大切に保存されています。祭礼の時には引き廻されたり、飾られたりするのみならず、お里帰りと云う事で「江戸天下祭」にも、平成十九年、東京丸の内を巡行致しました。

佐倉藩の総鎮守である麻賀多神社の祭礼は、今では全市あげての「佐倉の秋祭り」に発展していますが、この神社の大神輿は、台輪寸法五尺で、県内

鹿壱神輿堂嵌め

最大級の神輿です。江戸中期の享保六年（一七二一）に、江戸から十名以上の職人を当地に呼び、十ヵ月の月日をかけて作られたと言われる豪華なもので、市の指定文化財となっています。

は金曜日の午後、昔からのしきたりに従って、白丁を着た鏑木の町の氏子によって宮出しされ、JRの駅に近い鏑木の町を一巡して、市の中心部の御仮屋に入ります。日曜日は、御仮屋を出発して旧城下町を廻り、夜九時過ぎに宮入りをします。

城下町ですから道巾も狭く、また鍵の手に曲がっている所や坂道も多いため、米俵十六俵分の重さと伝えられる大神輿を、鏑木の氏子の方々のみで二本棒で担いで廻るのは、容易なことではありません。

なお、この祭りの特色として、渡御の途中で「御神酒所」と呼ばれる各町の屋台の欄干に、神輿の前棒を載せる習わしがあります。これは、神様に御神酒を奉納する儀式であると言われています。

鹿島神社

鹿壱の神輿

鹿骨一丁目神輿製作会

神輿製作の経緯

納受式　平成十八年九月三日（日）　鹿島神社境内にて

初渡御　平成十八年九月十七日（日）例大祭　鹿骨一丁目開館前発輿、町内巡行、宮入り

私共の地元鹿骨の鎮守である鹿島神社（村瀬光一宮司）は、茨城県の鹿島神宮の分社として建てられた。例大祭の形としては、戦前までは隣町篠崎の浅間神社と同じように、幟旗を揚げ、祭りを行っていたが、戦後の混乱の中

堂嵌め

で幟旗を揚げることが困難となり、旗竿で神楽殿を造った。以来長らく、引き太鼓の山車二基（東・北回り、南・西回り）で祭りを行ってきた。

昭和四十年代に、自治体の再編により、鹿骨が六町会に分かれたのを機に、各町会が神輿を出すようになってきた。初めの頃は、樽神輿などで行っていたが、本物の神輿を購入する三町会（二丁目、三丁目、西篠崎）が出てきた。

年々祭りが盛んになるにともなって、町内の中からも神輿を作ろうという声が上がってきた。そしていよいよ、平成十七年、神輿製作会を立ち上げた。主なメンバーは、歴代町会長さんや、一丁目地区の神社総代さん、町会の執行部の方々に、青少年部の役員などが中心となり、同地区の氏子の皆さまにご理解とご協力をお願いしてきた。

神輿の製作は、行徳・本塩の中台神輿店にお願いした。製作にあたっては、「将来にまで誇れるような神輿にしよう。地元に根ざした物語をオリジナルで彫刻しよう。金具から彫刻まで、四面何処を見ても同じものが無いような、凝った造りにしよう」という考えのもと進めてきた。中台神輿店さんや職方の方々には、平成の世にある神輿作りの技術を惜しみなく注いで戴いた。

神輿とは本来、氏神様は神社の神殿に鎮座されているが、御祭礼の時には自ら氏子の方に出向く。その時には輿に乗られて廻られる。神様のお乗りになる輿が、御神輿である。構造は、神社のお社そのもので、言い換えれば、お社の縮小版が神輿ということだ。

また神輿は、上の図のような意味を表している。この知識を得て神輿をご覧になると、それぞれの部所の意味が理解しやすいと思う。

神輿の大きさと型について

普通、神輿の大きさは台輪（担ぎ棒がささっている土台の部分）の一辺の長さで表わす。鹿壱の神輿は（中台神輿店製では）、親囲垣（外四隅の一段大

露盤彫刻、四季の鹿

きい囲い柱）から親囲垣まで、二尺五寸。普通に親台輪の一辺で測ると二尺八寸近くになる。型でいうと、"梨地塗り、唐破風、素木《しらき》総彫り、匂欄造り、二重台輪"である。

つまり、屋根は梨地塗り（蒔絵の技法と同じ塗り）、唐破風の軒、欅材の素木の総彫刻、階《きざはし》（階段のこと）が四方に、堂周りにも匂欄（手摺り）付きの回廊、土台は親台輪と子台輪の、二重台輪という具合だ。ちなみに、錺《かざ》り金具は、地彫り（銅板を一度裏から打ち出し、出っ張った所にタガネで彫金すること）に、差し分けメッキ（色付けメッキ）となっている。

鹿島神社の御祭神と鹿見塚の由来（木彫刻について）

江戸神輿の華は、木彫りにあると思う。中でも堂嵌め（神輿の胴の左右にある一番大きな彫刻）は、一番の花形だ。鹿壱の神輿では、向かって右側に、鹿島の御祭神（鹿島神社の御祭神）武甕槌命《たけみかずちのみこと》と香取の御祭神、経津主命《ふつぬしのみこと》が出雲に出向いた『国譲り』の神話（『古事記』、『日本書紀』）を元に製作した。向かって左側は、鹿骨の地名の起源になった『鹿見塚神社の云われ』（大化の改新を成し遂げた藤原氏が、春日大社を造るとき、鹿島の神と香取の神の分霊を鹿の背に乗せ、奈良の都までお運びになった。西暦七六七年、鹿骨を通られた時に、御供《おとも》の鹿が亡くなった。村人が、それを懇ろに葬った塚が鹿見塚神社である）を老夫婦、若夫婦、孫により引き継ぎ、繁栄していく姿を表わすよう製作した。数ある神輿の中でも、地元の御祭神や歴史に関わる彫刻を左右の堂嵌めに組んでいるものは非常に稀で、深く地元に根ざしている神輿だといえる。

他の部分の彫刻も見てみよう。

まず上から、露盤（鳳凰の足元）には、地元に関わるにある動物「鹿の四季の姿」がある。続いて懸魚《げぎょ》（破風軒の中央）は、向かって右から「梅に鶯」

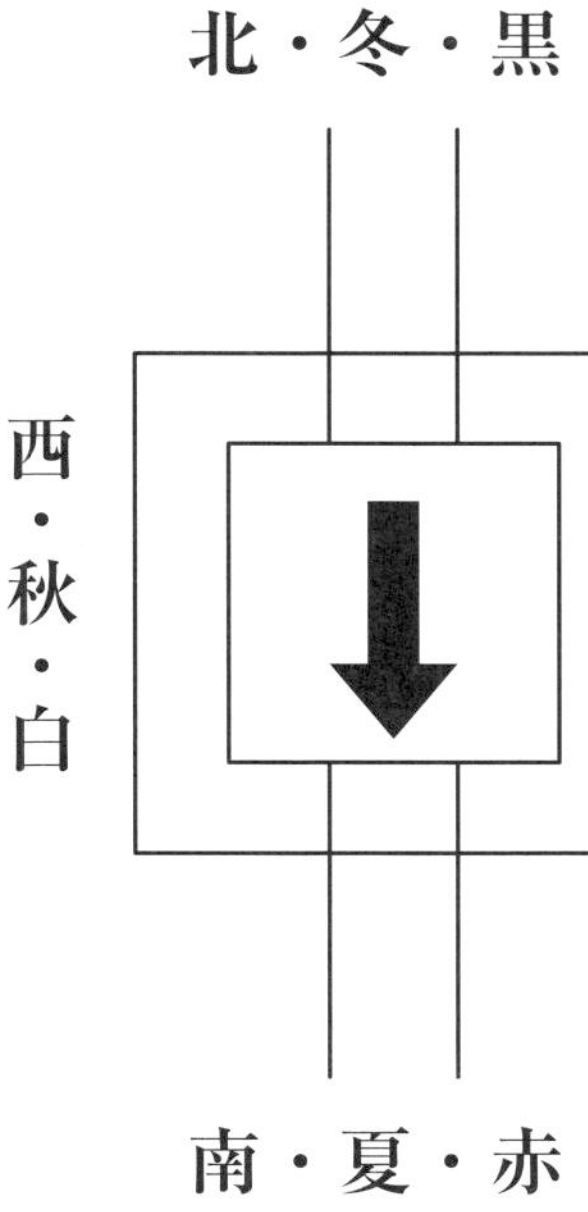

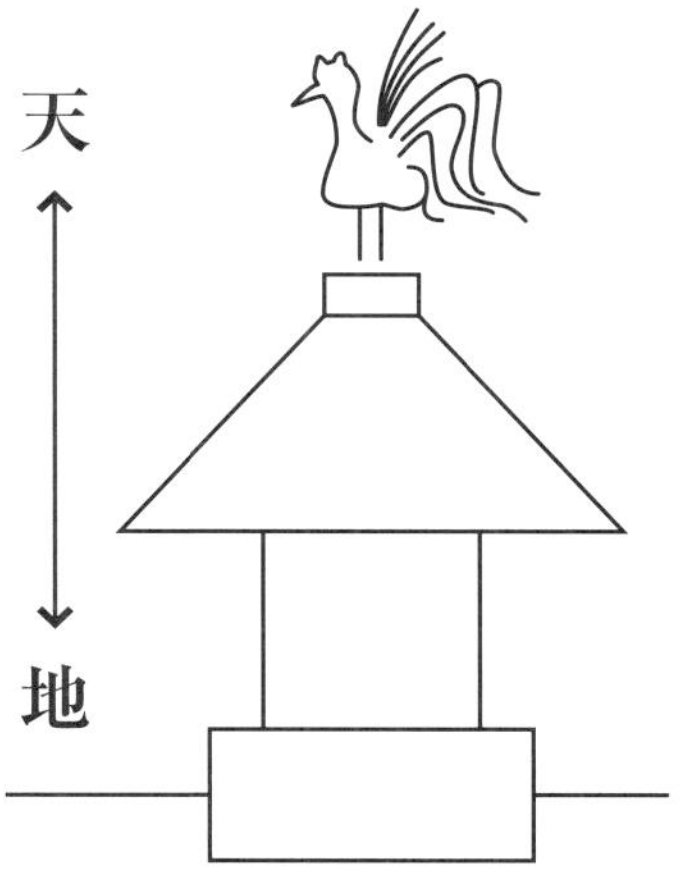

「鳳凰に桐」「鷹に松」「鶴に雲」、隅木（屋根下四隅）には「大龍頭」、枡組（屋根下から堂の間）には、「獅子頭と龍頭」、上長押（堂の上部）は「十二支」木鼻（上長押四隅）には、「玉（かご彫り）に紐を咥えた獅子と牡丹を抱えた獅子」、柱隠し（堂の四方の柱）には一柱ごとに「上り龍、下り龍」、唐戸には「紗綾型に社紋の彫り出し」、下長押（堂の下部）には「波に千鳥」、そして正面に「一対の狛犬」、子台輪には「波に亀」、親台輪四方には「四神（右から、青龍、朱雀、白虎、玄武）」（東西南北、四季を司る神。高松塚やキトラ古墳の壁画にもある）が彫られている。鹿壱の神輿は、四面どこを見てもひとつとして同じ彫刻は無い。

彫刻に関しては、中台神輿店さんのご配慮により、木彫師、高梨繁吉氏、染谷秀夫氏、市川秀樹氏らによる、江戸神輿木彫刻の名門、市川派一門のご協力を得て、オリジナル彫刻の製作実現が果たせた。

錺り金具について

鹿壱の神輿の一番の特徴は、龍や牡丹のみごとな地彫り（一度から打ち出した所に彫金を施すこと）と差し分けメッキ（色付けメッキ）にあると思う。屋根紋の鹿島神社の「社紋（鹿の角）」、吹き返し（軒の立ち上がった金具）の「龍と雲」、野筋（屋根四方の棟）の「牡丹」、台輪角金物の「獅子と牡丹」など、各所の金具は本当に見事だ。（木彫と同じで四面すべて異なる図柄で作製）

特に、この神輿では野筋や鳥居、軒面台輪角金物に見られる「牡丹の花」が目立つ。これは、大正から昭和にかけて、後藤神輿店や宮本卯之助商店（いずれも江戸神輿製作では有名）でも腕を振るった「牡丹の地彫りの名人」と謳われた、伊藤英吉氏（三社の本社神輿や浅草の本願寺の錺り金具などを手がける）のご子息の伊藤仁久《よしひさ》氏とお孫さんにあたる和仁《かずひと》氏、大伸《ひろのぶ》氏ご兄弟に

納受式にて

よる力作だ。

でも本当にご覧になっていただきたいのは、すばらしい地紋様の「紗綾型《さやかた》」や、気の遠くなるような数を打つ、「魚々子《ななこ》」（魚の卵のようなブツブツ模様）、そして見事な筋彫りである。

特に、鳳凰の翼の羽模様はすばらしく、羽を表現するのに、日本画の天才「伊藤若冲《じゃくちゅう》」（日本画で写実的）の『老松白鳳図』の線の描き方と同じ技法で表現されている。高いところにあるので、なかなか鳳凰の翼の筋彫りまでは観ることが出来ないと思うが、機会があったら、ぜひ、ご覧になっていただきたい。

なお、金物に使われている「鳳凰、龍、獅子、牡丹」は総て、古来より皇帝を象徴するものとして表わされている。

鹿壱の神輿製作にあたり

製作会の規約の第二章、第三章に、「町内の・文化を受け継ぎ、祭礼と御神輿を通して、人と人との交流と親睦をはかり、次の世代を担う子供たちにも、郷土への親しみや誇りを啓発することを、意義・目的とする」と謳ってある。

要するに、大人たちは、にぎやかに和気藹々としながらも、威厳があり勇壮に担ぎ、子供たちから憧れのまなざしで見てもらえる存在となればと考えている。

そして、次の世代を担う子供たちは、自分たちが大人になったとき、自分たちが支えていくという気概をもってもらえるような神輿になってほしいと願っている。

最後に、この神輿の製作にあたり、平成の世にある神輿作りの技術を、惜しみなく注いで下さった中台神輿店を始め、多くの職方の方々に、心からの敬意と感謝を申し上げます。そして、歴代の会長さんを始めとし、町内氏子

の皆様方の多大なるご理解とご協力をいただけたことを、あらためて感謝申し上げるとともに、厚く御礼申し上げます。

追記　製作会は納受式をもって保存会に移行しました。平成二十年六月には、展示を目的とした本格的な、白漆喰・なまこ壁土蔵作りの神輿庫が境内に完成します。

鹿壱神輿・神輿庫奉納者名簿

浅岡春雄　アサヒ造園(株)　安部重美　新井清治　新井松雄　有賀陸男
飯島晴男　池田 実　居酒屋F　石井一夫　石井三郎　石井紀明　石井秀年
石井秀春　石井博和　石亀義一　石川義雄　稲毛 篤　稲毛幸吉　稲毛孝治
稲毛幸次　稲毛清蔵　稲毛竹次　稲毛廣吉　稲毛裕史　稲毛操夫　稲毛康治
稲毛康人　稲毛良平　稲毛善四郎　稲毛与利夫　伊野上要　井上義明
伊野上正幸　宇田川省司　江田美好　大塚弘　大場 修　大場 武　大場 久
大場房雄　大場正男　大場幸次郎　大場商会　大森一利　岡田金三　沖村貞治
落合秀光　おもいやり　加瀬達　加瀬謙次　加藤義信　加納 茂　かのん
川和秀兆　岸野利治　岸野美一　北古賀勝勇　北田光　木村 清　木村 勉
木村一重　木村俊平　木村伸行　窪田友孝　高濱政夫　高濱つま子
小林正二　小林 武　小林利夫　小宮敏昭　昆野和則　斉藤光雄　酒井輝夫
酒井正人　坂田全堅　佐藤和行　佐藤静夫　佐藤征雄　佐藤義成　清水 猛
清水 直　鈴木 忠　鈴木常夫　鈴木敏達　鈴木芳夫　須原啓治　須原重雄
関 正義　高田春男　高橋 治　高橋繁幸　髙橋清一　高橋正治　高橋専太郎
高浜生コン(株)　高山甚蔵　立﨑三郎　田口源明　田島 治　田島 進
田島 誠　田島 勝　田島 守　田島 実　田島昭和　田島和明　田島一雄
田島克匡　田島作次　田島恒夫　田島文子　田島幹久　田島好男　田島新之助
塚田昌臣　土屋新太郎　寺田幹男　東京東信用金庫　冨田廣次　中代 勇

宮入り

中代守　中代豊　中代昭男　中代一男　中代勝久　中代勝啓　中代セキ
中代長二　中代徳雄　中代利和　中代勇三　中代喜一　中代喜一郎
中代賢太郎　中嶋源一　長途茂　南場絢子　西海正幸　二城　沼秀雄
野崎三貴　芳賀正一　服部忠由　半谷庄二　半谷政子　平石博己　藤井昇
藤田雅実　藤正商事　ペットサロンアイミー　星春男　本田政男　牧野博
牧野貞治　真利子清次　真利子武久　真利子久子　真利子正春　萬道博
三沢幸男　水野孝平　三觜育　無関勝男　望月一男　望月恵美子　安田茂
柳田英晴　矢野三郎　矢矧商店　矢吹吉明　山口昌子　山口賢治　山崎和之
山崎政治　山下重雄　山田璋俊　有限会社イナゲ　(有)高伸工業　横山喜子
吉田国造　吉田順一　吉野作造　渡部運送店

(敬称略・順不同)

I

神輿祭礼暦

冬編（十二―二月）

二荒山神社

本社おたりや神輿完成引継式

宇都宮二荒山神社

春渡祭（一月十五日）
冬渡祭（十二月十五日）

北関東最大の都市である県都宇都宮市の中心に御鎮座する宇都宮二荒山神社は、かつての下野国の一之宮とも伝えられ、また延喜式にも名前の記されている、現在でも栃木県の中心的な神社です。それ故、十月の菊水祭と呼ばれる例大祭以外にも数多くの祭事や神事が執り行われていますが、中でも一月十五日に行なわれる春渡祭は、イベント的なものを除けば、関東地方で行なわれる神事としての神輿渡御では、一年のうちで最も早いものの一つに数えられます。この「おたりや」は年の瀬の十二月十五日にも行なわれ、こちらは冬渡御と書かれますが、一年のうちで最も遅い神輿渡御の一つと言われています。

（高橋）

おたりやの由来

二荒山神社宮司　助川通泰

一月の春渡祭と十二月の冬渡祭は共に「おたりや」と呼ばれ、神輿の渡御祭が二度行なわれる。旧来は月初めの子、または午の日に行なわれていたが、太陽暦に改められた明治六年以降は何れも十五日と定められた。

両祭の起源は古く、平安中期の十世紀頃に神恩感謝のために始められ、殊に江戸初期からは、火難を免れた御霊験によって、火防の祭としても広く信仰されるようになったと伝えられる。氏子市民の方はもちろんのこと近隣か

らも多勢参拝し、今も一月の春渡祭には、遠く福島県会津より、特別崇敬の渡部家一門が幕末以来毎年参拝されている。

祭事は夕刻より始められ、御社殿に於いて出御祭が行なわれ、御旅所に渡御となる。そこで旧神領に伝承されて来た田楽舞の奉納などの御旅所祭に続いて、再び行列立てを整え市街地中心部の氏子町会に巡幸する。荘厳なる渡御は辻々に提灯を持った氏子役員に送迎されて夜半ご社殿に環御して祭は終わる。また境内には両日古い神符守札や門松〆飾りの焚上げ所が設けられ、昔からその浄火に触ると無病息災との風習が有り、終日参拝者で賑わう。

平成十三年（皇紀二六六一）は、ご祭神豊城入彦命さまが崇神四八年（皇紀六六一）に東国御治定の詔を賜わって二〇五〇年の慶節を迎えた。これを奉祝記念して、四月の臨時大祭と共に現在の老朽神輿に替わる「おたりや神輿」の新調が計画された。この程小川政次神輿師（石橋町㈱宝珠堂）によって見事に製作され、目出度くお納めいただきました。

宇都宮二荒山神社おたりや神輿新調

栃木県無形文化財工芸技術保持者　神輿師　小川政次

この度、宇都宮二荒山神社より、御祭神の豊城入彦命の東国御治定二千五十年奉祝事業の一つとして、おたりや神事に使用される新しい神輿の御用命を賜りました。下野国一の宮として、関八州の中でその名を知らぬ人の居ない伝統と格式のある神社からの御指名を頂き、地元の神輿師として、身に余る栄誉な事であります。

旧神輿は、いつの頃から使用されていたのかは不明ですが、毎年一月と十二月の年二回、北関東の冬の夜、それこそ雪の中や吹雪の年もあったことで

奉舁行列

しょう、厳しい寒さの中、氏子の方々によって守られ、渡御されて来ました。

それ故、新神輿は出来るだけ旧神輿の様式を受け継ぎ、さらに平成の世の技術と意匠を加味したものに、と心がけて製作いたしました。階のない平屋台、前後のみ扉の黒漆塗の胴、延屋根の各面に三個ずつ付けられた屋根紋等、すべて旧神輿の伝統をそのまま引き継いだものです。また、神輿の棒穴も、先代の神輿同様に広めに取ってありますが、これも台巾三尺七寸の大神輿を、二本棒で担ぐための安定性のためです。

その一方で、神輿全体の木割り寸法や金物や飾り綱、屋根上の大鳥等をやや江戸神輿的な現代風に仕上げています。とくに屋根の吹き返しと瓔珞には、十六花弁の菊花の中に三つ巴の、二荒山神社の御神紋の金具が付いております。神輿が冬の宇都宮の夜の街をお渡りする時、これらの新しい金具が雪明りや無数の提灯の光に反射してキラキラと光り、幻想的な渡御を演出する事と思います。

過酷な条件下で使用されてきた先代の神輿の金物には、今ではもう輝きは残っておりませんが、新しく奉納された時は同じ様に幻想的で神秘的なお渡りだったと思います。

さて、平成十三年（二〇〇一）十一月二十三日の神輿の引渡しにあたっては、午後一時より石橋町の宝珠堂での引継式の後、担ぎ初めを行ない、その後、宇都宮で新調神輿の奉舁行列を行ないました。夕方、御本丸公園にての式典の後、お囃子や太鼓、猿田彦や手古舞に先導された新調神輿は、氏子の方々に担がれて、「おたりや」の時の御旅所ともなる下の宮を通り、神社正面の階段を昇り、宮入りを行ない、神社で新調奉告祭を行ないました。新しい神輿が、そろそろ日の暮れる街の明かりに映され渡御する様子を目の前にし、さらに式典の後には、宮司様より感謝状までいただいたことは感激に堪えません。

二荒山神社

この新しい神輿も、長い風雪の間には、やがて輝きを失う時もくるかと思いますが、先代の神輿同様、氏子の皆様によって、末永く担いでいただければ、神輿製作者として、この上ない喜びであります。

大門諏訪神社

江戸時代、作人不詳。台輪寸法三尺

近年、浅草の宮本重義により修復。

黒漆塗延軒屋根、平屋台型

板橋区大門にある諏訪神社では、毎年二月十三日の夜八時前から、国の重要無形文化財に指定されている「田遊び」が行われる。田遊びとは、年の始めに五穀豊穣と子孫繁栄を祈り行われるもので、「もがり」と呼ばれる小さな舞台風に造られた場所で、春の種蒔きから秋の稲の刈り取りまでを、面白おかしい所作を交えながら、地元の方が演じるものだ。

この田遊びの最初には、行列を組んで近くの須賀神社までの道行きがあり、その境内でも一定の所作が執り行われる。その後に諏訪神社に戻り「もがり」の中で所作が行われる。この中での神輿は、神様の乗り物として最初の行列から「もがり」に戻るまでの道中の最後について往来する。担ぎ手は白丁四人で烏帽子をかぶり、静々と道中渡御を行う。全体を通してみると田遊び自体がそもそも素朴な行事で、かつての農村風景を凝縮したものだと考えれば、神輿の位置付けも、おのずと定まる。

神輿は、平成十五年に修復して綺麗になったが、以前屋根に付いていた巴紋は無くなってしまいとても残念だ。社殿右奥にある田遊び用道具入れの庫に一緒に入庫されており、神社神輿としては寂しい扱いだが、何せ厳冬期の二月十三日、寒さもものかは、行われる行事に担がれるという意味で、記録

修復前の大門諏訪神社

として残したいと思う次第。このような形で渡御されるのは東京二十三区で唯一だろう。

なお、神社境内には別に神輿庫が在り、この中には、七月に行われる須賀大神を祀る祭礼で渡御する神輿がある。この神輿は渡御の折には、何故か晒しが胴体に巻かれるが、前日、晒しが巻かれる前に、飾られていたのを拝見したところ、それは綺麗な彫金の胴体を備えた神輿であった。

（斎藤）

II　江戸・神輿・祭礼・暦

式年祭

高橋一郎

大鷲神社

御木曳

式年について

平成二十五年（二〇一三）は伊勢神宮の遷宮の年です。千三百年以上の昔から、二十年に一度、御神殿も新しく建て替えるこの神事は、伊勢神宮にとっても、また周辺の伊勢の神領民の方々たちにとっても、最大の〝お祭り〟であると言っても良いと思います。（遷宮の六、七年前には、神宮の周辺において新しい社殿に使用される御用材に長い綱をつけ、川を曳いたり、あるいは専用の車に載せて山車のように引いて神宮の境内にくり込む「御木曳」の行事が行なわれます）

さて、二十年に一度、と言う定められた年に実施されるため、この遷宮の行事は「式年遷宮」と呼ばれています。また〝天下の奇祭〟として有名な長野県諏訪の諏訪大社の〝御柱祭〟も七年ごとの定まった年（寅申の年）に行なうため、こちらも「式年造営御柱大祭」と言われています。

式年の〝式〟とは、〝決められた〟、〝定められた〟と言う様な意味の言葉であり（「延喜式」とは、延喜の時期に定められた法律、制度）、「式年」の言葉の始まりは、明治維新による新政府が、それまでの世の中のやり方を新しくするための制度改革の一つとして、それまで仏式で行われていた天皇家の葬儀を神式で行ない、〝御忌〟として定められていた崩御の何年後と決められていた〝法会〟〝御法事〟も、神式の「式年祭」に改められた事に由来すると言われています。

昭和天皇の〝大葬の礼〟でもお分かりの様に、現在でも天皇家の葬儀は神式で行われ、その後、三年、五年、十年、二十年、三十年、五十年、百年、以後百年ごとに「式年」と呼び、「式年祭」を行なう事が明治四十一年制定の「皇室令」により定められています。

遷宮について

神社の御本殿の中の、神様の御神座をお移しして、新しい場所に移動する事を「遷宮」と言います。"平安京への遷都"等、昔社会科の教科書で習った事があるかと思いますが、移動の事をこの"遷"の字で表わしています。

区画整理等でやむを得ず神社の場所が変わる場合等も、これに当たります。それ以外でも建て替えや修理等の場合、神様のいらっしゃるその場所に、土足で屋根に乗って工事と言う訳には当然いきませんので御神座を一時的に移しますが、これも「遷宮」と言う事になります。この「遷宮」の方法には「正殿遷宮」(「しょうでんせんぐう」または「せいでんせんぐう」)と「仮殿《かりでん》遷宮《せんぐう》」の二つがあります。「正殿遷宮」とはその名の通り、御神座を仮宮にお移しする事なく、正殿から正殿にお移りいただく場合で、伊勢神宮の「式年遷宮」の場合も、現在の正殿の隣りに新しい正殿を建築し、それが完成してから移っていただく訳で、「正殿遷宮」と言う事になります。また移転等で、新しい場所に神社が移る場合も、新社殿が出来てから移動しますので、当然「正殿遷宮」となります。一方、「仮殿遷宮」とは、御社殿の改装工事や修理等の場合で、御神座を一時的に仮殿にお移しする事を指しています。この場合、まず正殿から仮殿へ、そして仮宮から新しくなった正殿への二回の「遷宮」の神事が行われます。

神社の中には定まった年に遷宮を行う「式年遷宮」を行なう神社もありますが、「仮殿遷宮」の場合、そのための仮殿が用意されていたり、既に決まっているケースが多いようです。「そろそろ神社も古くなったので…」と言う様な不定期な場合は、仮の御神座の位置は、拝殿や御神輿の中、社務所内の一角等いろいろです。

なお「遷宮」に対して「遷座」と言う言葉もありますが、こちらは「遷宮」程大がかりでなく、お祭りの時に御神輿の中に御分霊をお移ししたり、また同じ神社の中で、末社や境内社の神様をお移ししたりする時に使用するようです。

式年遷宮について

社殿の建て替えという大行事は、その労力や財力等を考えると簡単に出来るものではありません。伊勢神宮以外では、以下の各神社で行なわれていたと言われています。

・鹿島神宮(茨城県)
・香取神宮(千葉県)
・春日大社(奈良県)
・宇佐神宮(大分県)
・諏訪大社(長野県)

なお、最近では山笠や博多どんたくで有名な福岡市の櫛田神社で、二十五年に一度、「遷宮」(大改修)が行なわれるしきたりになっており、平成十二年に四十八回目が行なわれました。

また、上野国一之宮である群馬県の貫前神社も、平成十六年の秋から平成十七年の春にかけて、十二年ごとの「遷宮」が実施されました。

今後の予定としては、大阪府の住吉大社で平成二十三年に第四十九回目の「式年遷宮」を予定し、また京都の賀茂御祖神社(通称下賀茂神社)でも二十一年ごとの「式年遷宮」を平成二十九年頃実施予定で準備に入っています。また、「式年」ではありませんが、出雲大社でも昔から、約六十年ごとに屋根の葺き替えを含む大修理を行なっており、平成二十五年予定の完成まで「平成の大遷宮」を行うため平成二十年四月に「仮殿遷座式」を実施します。

これらの社殿は、国宝や国の文化財に指定されている事もあり、社殿を全く新しくするのではなく、古くなった部材の改修等を行なう訳ですが、仮殿もその都度、本殿同様に新しく建設してから神様をお移しする場合もあり、新築同様の日数と費用、労力がかかるようです。

関東の式年祭

春から秋にかけて、都内はお祭りのシーズンです。三社祭や鳥越祭の様に毎年行なわれる祭りや、神田明神や赤坂日枝神社の様に二年に一度の大祭という所もあります。深川や佃島の祭礼は三年ごとに、さらに北千住周辺の神社は五年ごとに大祭を行なって神社神輿の渡御が行なわれています。ただし、これらの祭りのサイクルは、「式年」と言うほど厳密ではなく、例えば「地下鉄の工事があるから、今年でなく来年に」「再来年がちょうど、神社創建の七百年目の区切りの良い年だから、来年でなく再来年に」あるいは「今年は不景気だから…」。等々の諸事情により、大祭の予定が変更になる場合も多いようです。

一般的には、大祭で御神輿が出てにぎわう時は”本祭り“、そうでない時は”陰祭り“と称していますが、最近では、各町会の御神輿がいっぱい出る祭りの翌年に、神社（深川、神田等）の御神輿が担がれたりして、この呼び方もすべてにはあてはまらくなってきているようです。

この”何年に一度“と言うのも、最近始まった訳ではなく、”宵越しの銭はもたない“と言うお祭り好きの江戸っ子のあまりの熱狂ぶりを見て、幕府が「天下祭」と呼ばれていた赤坂日枝神社の山王祭と、神田明神の神田祭を一年ごとに、交互に実施する様にしたことは、すでにご存知の事と思います。ただし、氏子区域が現在ほどはっきり区分されていなかった江戸時代は、両方のお祭りに参加していた町内もあったので、あまりききめがあったかどうかは分かりませんが…。

なお、本祭りでなくても祭礼の日は、神社の中で総代さんたちが集まって神事をとり行なうのが一般的です。その様な中で、都内および関東近県で、「式年祭」と言う名で実施される代表的なお祭りは以下の通りです。

大鷲神社式年大祭

概要

”酉の市“発祥の社として知られる東京都足立区大鷲神社では、十二年に一度、その名前にちなんだ酉年に「式年大祭」が執り行なわれます。以前は三十三年に一度と言う長い間隔で行なわれておりましたが、大正十年（一九二一）の大祭を機に、酉年に合わせて十二年ごとに改められ、現在に至っています。この「式年大祭」では、神社での大祭の神事の他に、御霊を移した神社神輿が、長い行列を組んで広い氏子区域を渡御します。最近では平成十七年（二〇〇五）十月に行なわれました。

御由緒

東京都の東北、埼玉県に隣接する足立区花畑は、綾瀬川、伝右川、毛長堀の合流地点であり、古来より水運の要所として栄えていた場所です。この地に御鎮座する大鷲神社は、日本武尊《やまとたけるのみこと》の東国平定の時、神聖で交通の利便が良く、なおかつ、軍への食糧供給がし易い場所と言う事で、当地に陣地を設営したのがその起源と考えられています。その後、尊が帰幽され、伊勢の国の陵に葬られた尊は白鳥となり、当地へ舞い降りた後、大阪の堺、大鳥神社に至ったと言う伝承により、社を建立して尊を祀ったのが当社の始まりと言われています。その後時代が移り、新羅三郎義光が後三年の役に赴く折、当社に戦勝を祈願し、乱平定の帰路には社殿の改築を行ない、また金の兜を奉献したと伝えられています。

その後、代々の源氏の崇敬厚く、特に新羅三郎義光の後胤の佐竹藩は、社殿等の奉納を行なっています。また当社の〝五本骨扇に月丸〟の神紋も、〝佐竹扇〟と言われた佐竹藩と同様の形になっています。

江戸の〝酉の市〟発祥の地として知られる当社ですが、それ以外にも、本殿の社殿彫刻、そして、「一人立三頭獅子舞」が有名です。

社殿

現在の本殿は、新羅三郎義光の後胤である佐竹藩の奉納によるものです。宮大工十五代吉田左近源則之により、江戸時代後期の安政元年（一八四五）から明治八年まで、約二十年の歳月をかけて造られたものです。総欅による四方唐破風造りで、社殿全体に多くの大小の彫刻がほどこされています。特に正面の左右の柱に在る〝昇り龍〟〝下り龍〟の木彫は左甚五郎三世と呼ばれた後藤与五郎の作と言われ、江戸末期の彫刻の代表作の一つと言われています。

この本殿建築は、江戸幕府の大名政策の一環（経済力のある大名に神社仏閣の工事や治山治水工事を命じ、この経済力を抑えて反乱防止の策とするもの）として、当社と縁の深い佐竹藩にその普請を命じたものです。その規模は、当初日光東照宮以来の大計画でしたが、明治維新によりその計画が縮小され、工事も中断期間があり、工期が長期化したと言われています。この本殿は、室町末期から江戸初期に建てられたと伝えられる拝殿と共に、足立区の貴重な登録文化財となっています。

酉の市

応永年間（一三九四〜一四二八）より、御祭神である日本武尊の命日とされる十一月の〝酉の日〟に、尊への報恩感謝の祭りが行なわれ、それに人々が

集まるようになって門前市が開かれるようになりました。農耕具などがこの市で売られ、〝どのまち〟〝どりのまち〟と言われ、これが後に〝酉の市〟の起源となり〝おとりさま〟として親しまれています。

江戸に徳川幕府が開かれると、その信仰は格別となり、江戸から大名は綾瀬川を屋形船で武士は遠乗りを兼ねて騎馬で参詣し、運を〝わしづかみ〟と言う意味で熊手を求め、〝頭になる〟になぞらえて八つ頭の芋が名物となりました。もちろん江戸八百八町のみならず、近郊近在の一般の参詣人の数も多く、この日は千住の大橋がお詣りの群集の重さで下がったと言われています。

神輿

十二年に一度、担ぎ出される神輿は、いつ頃から当神社に在るのか、また、これ以前にも古い神輿があったのか等は現在のところ分かっていません。分解修理をした時にも特に棟札や墨書きは見つかりませんでしたが、その形式から江戸時代末期の作ではないかと言われています。

台輪寸法は四尺二寸あり、勾欄のない平屋台形式で、渡御の時はサラシを巻くので分かりづらいかと思いますが、胴の四方が扉となっている型式です。神輿の高さは低く抑えられ、屋根勾配はやや緩めになっているため、安定感のある優雅な感じとなっています。屋根の四方から出る蕨手が、他の江戸型の神輿と異なり、野筋《のすじ》の延長ではなく軒下から出ている事と、屋根の頂に乗る大鳥が鳳凰でなく、神社の名前に由来する〝鷲〟となっているのが特色です。

十二年に一度の渡御だと、「神輿は長持ちしますね」とよく言われますが、これは逆で、神輿庫にしまって置くだけでは、いざ担ごうとしたら傷みがひどくて、大修理をしなければ無理だと言う場合も出てきます。担ぎ出すためには点検を行なったり、クサビを締め直したり、また悪い部分を補修したりする訳で、頻繁に担ぐ方が手入れが行き届きます。

氏子の方の、この神輿に対する思いはまた格別で、担がない時でも神輿を飾り付け、また年に何回かは倉庫に風を入れ点検を行なっています。今回（平成十七年）の大祭の翌日も、雨に濡れた神輿を浅子神輿店に持って行って、点検を行なうなど、常に新品同様の状態を保つ様に心がけています。

祭礼

大正時代までは、三十三年に一度と、今より祭りの間隔が長かったのですが、大正十年の大祭をきっかけに、現在は十二年に一度となっています。また、さらにその昔は何と六十年に一度だったと言う話も伝わっています。

昭和五十六年（一九八一）は、いろいろな諸事情により神輿渡御は行なわれませんでしたが、平成五年には、盛大に三日間に亘って行なわれ、初日の十月九日（土）に例大祭の式典を行なった後、二日間に亘って二十四年ぶりの渡御が行なわれました。一日目は、中通りと言われる神社周辺の花畑地区を、二日目は、川通りと呼ばれる綾瀬川に沿った形で南花畑あたりまでを、高張提燈や天狗、旗、太鼓、屋台囃子等と共に行列を組んで、両日共朝八時から夕方六時まで渡御が行なわれました。また、この大祭に合わせて、神輿庫も新しくされました。

さて最近の「式年大祭」は、平成十七年、十月九日、十日の二日間に亘って行なわれました。初日は土曜日で、午前中の例大祭の式典の後、午後から各町会や子供神輿が境内に集まり、お祓いが行なわれました。そして日が落ちる夕方になると、神輿への〝御霊移しの儀〟が行なわれ、すべての照明が消された真っ暗な中で、絹垣に囲まれた宮司によって、御分霊が本殿から神輿に移されました。

翌日、十月十日の神輿渡御の日は、残念ながら朝から雨でした。しかし十二年ぶりの宮出しの担ぎ手とその見物の人々で境内は溢れかえり、神輿は参

道の人の波の間を進み、渡御へと出発して行きました。十二年前の前回と比較すると、つくばエキスプレスが開通したり、あたりの景色も大分変わってお り、神様もその変わり様にびっくりされていると思います。前回のお祭り以降にこの地域に引越してきた方たちの中にも、十二年ぶりのお祭りのある事を知ってびっくりされた方も多いかと思います。

雨の中、町内渡しの担ぎ手も増えてきて、広い氏子各町会で接待を受けながら、予定通り進行しました。夕方には雨も上がり、道の両側いっぱいの人垣の中を、大勢の担ぎ手と共に宮入りに向かいました。そして、前回は境内でいつ果てるとも分からない程、神輿が揉み続けられましたが、今回はあまりにも人が多く危険なため、静々と役員の方によって宮入りとなりました。その後、〝御霊移しの儀〟が前日同様明かりを消した境内で行なわれ、十二年ぶりの大祭が終了しました。

獅子舞

最後に、この地に伝わる獅子舞についてお話しします。昭和五十八年（一九八三）に、足立区指定の無形文化財に指定されたこの獅子舞は、神社の祭礼ではなく、七月第三日曜日に、大鷲神社獅子舞保存会によって行なわれます。獅子には雌獅子、中獅子、大獅子の三匹があり、いずれも前に締太鼓を持っています。「一人立ち三頭獅子舞」の形式で、江戸時代（元禄期）からこの地に伝わると言われています。獅子は行列を従え、神社そばの福寿院から出発し、神社の境内に造られた四本柱を建てた〝舞庭〟で、いろいろな曲目の舞を奉納します。

この獅子舞は、悪病祓いの行事として始まったと言われています。川筋が複雑に交叉するこの辺りは、大雨が降ると川が氾濫して、悪病が流行る事が多かったからかと思われます。

葛飾八幡宮式年大祭

ＪＲ総武線、都営地下鉄新宿線、さらには京成本線の三つの鉄道が交叉する千葉県市川市本八幡の、ＪＲの駅から歩いて約十分、市川市役所の奥に鎮座するのが、駅の名前にもなっている下総国総鎮守の葛飾八幡宮です。

平安時代の寛平年間（八八九～八九八）に、宇多天皇の勅願により、京都の石清水八幡宮よりこの地に御鎮座して以来、歴代朝廷や代々の国司郡司、平将門、大田道灌、源頼朝、徳川家康の信仰も厚く、下総国の八幡信仰の中心となっている古社です。

通常の祭礼は九月十五日に行なわれ、神事の他に、一週間近く行われる農具市が有名です。また二年に一度、昭和二十六年（一九五一）に造られた、〝もみ神輿〟と呼ばれる神社大神輿が担ぎ出されます。そして、三十三年に一度、「式年大祭」が実施され、神幸祭も行なわれ、大変盛大な賑わいを見せます。（前回は昭和五十九年に実施）

なお、古社にふさわしく、この八幡宮には前述の大神輿の他に、神社の御祭神、中御前の誉田別命（応神天皇）、東御前の息長帯姫（神功皇后）、西御前の玉依姫命がお乗りになる三基の古い神輿が保存されています。いずれも江戸時代に修理をした記録があり、古い形を残しているもので、大神輿と共に境内の神輿庫に置かれているのを拝観することが出来ます。

なお、葛飾八幡宮は、本殿の横の多数の樹幹が集まって、根本から一本の大きな木が伸びている様に見える、国指定天然記念物の〝千本公孫樹〟や、神社鳥居前の千葉街道に面する、一度入ったら二度と出られないと伝えられている〝八幡の藪知らず〟で知られています。

鹿島神宮式年大祭御船祭

一年間に大小九十近い祭礼のある茨城県鹿嶋市の鹿島神宮ですが、十二年に一度、午年の九月に「式年大祭御船祭」が行なわれます。神社から出発した大行列は、大船津から御神輿を御座船に乗せ、八十艘もの供奉船を従えて水上遷御を行ないます。武人の神様としても有名な、御祭神の武甕槌大神様が、東国を平定した時の様子を再現した祭りと言われています。

なお、御船祭りの無い年でも、本殿を二十分の一に縮小した形と言われている宮型の神輿が、九月の祭礼時に境内の行宮までお出ましになり、街に山車や屋台が出て賑わいます。

香取神宮式年神幸祭

鹿島神宮と利根川を挟んで反対側の、千葉県佐原市に御鎮座する香取神宮でも、鹿島神宮同様、十二年に一度、午年の四月に御船祭りが行なわれます。利根川の津の宮から、御鳳輦を御座船に移し、利根川をさかのぼって佐原川口に上陸し、市内の御旅所で一泊された後、翌日陸路にて神宮に環御されます。

こちらの祭りも鹿島神宮同様、御祭神の経津主大神《ふつぬしのおおかみ》様が東国を平定した時の様子を表わしていると言われています。かつては「式年遷宮」が二十年に一度行なわれていましたが、戦国時代以後遷宮が行なわれなくなり、代わりにこの「式年神幸祭」が十二年に一度行なわれる様になったと言われています。

なお、「式年神幸祭」の無い年は、四月十五日に御鳳輦が、午後から神社下まで出御されます。

江島神社と龍口明神社の式年祭

銚子の大みゆき

千葉県銚子市猿田の猿田神社では、六十年に一度、庚申の年に、「式年大祭神幸祭」として、銚子外川の海岸で渡御を行ないます。

銚子の大神幸祭

銚子のお隣り東庄町の東大社では、二十年に一度、銚子外川の海岸で渡御を行ないます。この「式年大神幸祭」は東総地方の最大の祭りと言われ、遠く千百年代の頃から続けられてきています。

なお、大神幸祭の無い時には二年に一度、銚子市桜井町の利根川で〝お浜降り〟が行なわれ、「櫻井神幸祭」と呼ばれています。

江島神社初巳祭

江戸時代から、大山と並んで江戸からの参拝人の多かったのが、弁天様の祀られている江の島です。明治維新までは神仏習合で「金亀山与願寺」と称しておりましたが、この頃から弁天様の江戸深川への出開帳が何回か行なわれていました。

現在の江島神社の神輿も、出開帳の御礼に深川の旦那衆から寄進されたもので、扉を開けると弁天様が入る寸法で造られているそうです。かつては、四月の初巳の日に、辺津宮から奥津宮に渡御し、十月の初亥の日に戻ると言われておりましたが、現在では巳年と亥年の四月の日曜日に、式年の「初巳祭」として神輿の渡御を行なっています。

島の中の道は狭く、ほとんどが階段のため、この大きな神輿の島内御渡は、見ているだけでも大変です。木の枝が、神輿の通る道の上ギリギリに伸びている場所も多く、島内渡御の時は屋根上は火炎宝珠にして、下の広い場所に出てから大鳥に付け替えています。

江島神社と龍口明神社の式年祭

江島神社に祀られている妙音弁財天は、対岸の鎌倉市腰越の龍口明神社の御祭神である五頭龍大明神とは、夫婦と言われています。(この二人の神様の物語は「江の島縁起」の伝説となって伝えられています)五十年に一度、四月一日から一ヶ月間、龍口明神社の神輿が島に渡り、対岸の龍口寺の前までお迎えに来た江島神社の神輿と共に、お過ごしになると言う神事です。

この弁財天は、安芸の宮島、近江の竹生島と共に、「日本三大弁財天」と言われています。琵琶を持った裸姿の弁天様は、江戸時代から芸事の神様として江戸庶民からの信仰が厚く、"大山詣"と併せて多数の参拝人で賑わったそうです。

なお、この祭礼は平成十三年四月、御鎮座一千四百五十年式年大祭として盛大に行なわれました。

葉山の三十三年祭

逗子市小坪の天照大神社の境内社である須賀神社は、葉山町一色にある森山神社とは御祭神が夫婦であると言われています。このため、三十三年に一度、「式年祭」として須賀神社の神輿が森山神社に渡御します。

三山の七年祭(二宮神社式年祭)

起源

千葉県船橋市三山に御鎮座する二宮神社を中心に、船橋市、千葉市、八千代市、習志野市など広い範囲の九つの神社が関係する祭礼です。丑年と未年の七年ごと(初年度を一年目とする日本式の数え方で実際は六年目ごと)に行なわれるため、正式には「二宮神社式年祭」と言いますが、「三山の七年祭」「下総三山の七年祭り」、「七年まつり」等、範囲が広く参加神社が多いため、その場所や地域によっていろいろな呼び方があるようです。

千葉県下には、いくつもの神社の神輿が一ヶ所に集まる"より合い祭"は、大原、玉前一之宮、館山等少なくありませんが、この「三山の七年祭」も最も昔からの祭りの方法をよく遺しているものとして千葉県の無形民族文化財に指定されています。

約五百五十年前、現在の幕張の馬加城の城主である千葉康胤が奥方の安産祈願を各神社にお祈りしたところ、無事に元気な男の子が生まれたため、その御礼として始められたと伝えられています。従って祭りの歴史も約五百五十年近くになる訳ですが、当初は毎年行なわれていたものが、現在の様に七年ごとになったのは、享保十二年(一七二七)からと伝えられています。

概要

二宮神社における安産の御礼としての祭典(九社参加)と、翌朝未明に幕張において行なう安産祈願の「産屋の祭り」と言われる「磯出式」(四社参加)の二つの神事で、この七年祭が構成されています。なお、本来なら安産祈願の後で、その御礼と言うところを、なぜか御礼の祭典の方を先に行なうため、

二宮神社

「三山の祭り、後が先」と言われているそうです。

参加神社とその役割

参加する九つの神社は、すべて親類関係にあり、その役割が決まっています。

①二宮神社（船橋市三山）［父親役（夫）］

かつての下総国一之宮、香取神宮についでこの社が二之宮とされています。式内小社の寒川神社の後裔社と言われ、旧社格は郷社です。広大な氏子区域を持ち、船橋市の代表的な古社で、速須佐之男命《すさのうのみこと》が主祭神です。

社殿は安政年間（一八五四～一八六〇）に造られたもので、船橋市の有形文化財に指定されています。神輿は、当然「七年祭」の中心的役割を成すものであり、昭和六十年に製作されました。二重台輪形式で、屋根正面は神紋の代わりに"大神"と言う文字が施されているのが特徴です。

②子安神社（千葉市花見川区畑町）［母親役（妻）］

御祭神は、寄稲田姫命《わしいなだひめのみこと》です。

京葉道路を渡り、長い参道を通った所に社殿があります。延屋根型の神輿には、一面に三個の屋根紋がついています。

③子守神社（千葉市花見川区幕張）［子守役］

御祭神は、稲田姫命《いなだひめのみこと》です。

磯出式の祭場に一番近い神社で、昔は海岸線のそばに建っていました。

④三代王神社（千葉市花見川区武石町）［産婆役］

御祭神は天種子命《あめのたねのみこと》です。

JR幕張駅と京葉道路武石インターとの中間に位置しています。

御神輿は、吹返付きの延屋根型で、屋根紋は一面三個です。

なお、前述①から④までの神社の神輿が、磯出式の式典にも参加します。

⑤菊田神社（習志野市津田沼）［叔父役］
御祭神は大己貴命《おおなむちのみこと》です。

京成津田沼駅のすぐそばに位置する神社です。

⑥大原大宮神社（習志野市実籾）［叔母役］
御祭神は伊弉再尊《いざなぎのみこと》と伊弉諾尊《いざなみのみこと》です。

京成実籾のそば、東金街道に面しています。神輿は唐破風、高欄型です。

⑦時平神社（八千代市萱田町）［長男役］
御祭神は藤原時平命《ふじわらのときひらのみこと》です。

京成大和田駅の周辺に時平神社が三社ありますが、参加するのは萱田町の時平神社です。

⑧高津比咩神社（八千代市高津）［娘役］
御祭神は多岐都比賣命《たきつひめのみこと》です。

⑨八王子神社（船橋市古和釜）［末息子役］
御祭神は、天忍穂耳尊《あめのおよほみみのみこと》です。

京葉高速線の八千代緑ヶ丘駅から北に向かって、八千代市との境界近くまで行った所に御鎮座しており、「七年祭」に参加する九つの神社の中では、一番北側に位置しています。


なお、「七年祭」には参加していませんが、市原市の姉崎神社は大姉様と言われています。また、かつては茨城や埼玉の方からも参加があったと伝えられています。

小祭（湯立祭）

本祭（七年祭）が行なわれる年の九月中頃に、地元の三山の人々によって小祭が行なわれます。かつてはこの湯立神事の、卜定《ぼくじょう》によって、大祭の日程が決定されたそうですが、現在では準備の都合により、早めに決めており、演芸会や神輿渡御が行なわれます。

「七年祭」の当日は、神社の地元である三山の人々は、他神社への接待やその準備で忙しいので、この日に地元の祭りとして神輿の渡御等が行なわれると言われています。前日の夕方、金棒を先頭に神社に向かい、御祓いを受け、神楽を境内の御仮屋に移し、翌日の渡御の準備を行ないます。

小祭当日は、早朝の六時頃から、夕方の六時の神社到着まで、三山の人々によって三山のすみずみまで、二宮神社の神輿が担がれます。なお、神輿が夕方神社に戻ると、担ぎ手は田喜野井地区の氏子に替わって、さらに境内で担がれます。

禊《みそぎ》

「七年祭」の前日、二宮神社の役員さんたちの禊が行なわれます。夕方六時すぎに二宮神社を徒歩で出発した着物に羽織の役員さんたちは、夜八時近くに禊場近くの根神社の氏子の方々の出迎えを受け、八時半頃、袖ヶ浦運動公園の一角に設けられた禊場に到着します。禊は、かつては海で行なっていましたが、埋め立てが進んだ現在では船橋港から運んできた海水で手を洗い、アサリを"小安貝"として、戴いて帰ります。

神揃場

いよいよ「七年祭」の当日、九基の神輿は各神社を出発して二宮神社への参拝へと向かいます。各神社を出発する時刻はその参拝時間と、距離によって異なりますが、だいたい朝八時から十一時頃の間となっているようです。

現在では、ほとんどの神社が神輿を車に載せて、二宮神社の近くまでやって来て、そこで三山の人々の出迎えを受けます。この後、神輿は直接二宮神社に向かうのではなく、神社から約五百メートル離れた場所にある〝神揃場〟へと向かいます。

神揃場は全体を竹矢来で囲まれ、その中に各神輿の安置場所として、しめ縄で囲まれ、中央に神社名の書かれた木の札が立てられている御塚（土を方形に盛り固め、土が崩れない様に芝を間に挟んでいるもの）が造られ、神輿の位置が定められています。

ただし、九基の神輿が一斉にこの神揃場の中に揃うのではなく、二宮神社参拝の時刻の早い神社は早く到着し、しばらくの休憩の後、神社に向かって出発して行きます。かつては、すべての神輿が一度に集まったそうですが、参拝時刻の遅い神社は、この神揃場での待ち時間が長くなるために、この様な形になったと言われています。通常はこの神揃場の中には、三基程度の神輿が揃うと言われますが、これも式典の進み具合によって違ってきます。

十一時に神社を出発した二宮神社の神輿が、神揃場に到着するのは正午頃ですから、正午から一番遅い子守神社が出発する夕方三時半までの間、この神揃場には各神社の神輿が到着したり出発したりし、その担ぎ手や役員さん、また見物の方々の出入りにより、大変な賑わいを見せることになります。

なお、昭和三十年の祭りから、それまで二宮神社の拝殿で行なわれていた献幣の式典は、この神揃場で行なわれる様になったそうです。

二宮神社参拝

神揃場からはじめに二宮神社に向かうのは、御本社である二宮神社の神輿です。午後一時に神揃場を出発した神輿は、一時五十分に神社に戻り、境内の御仮屋に安置されます。

ほとんど同時刻に、子安神社の稚児行列も神揃場を出発して、二宮神社で昇殿参拝を行ないます。その後、着流し、紋付、裃、袴姿などの役員さんや世話人の方々と共に、高張提燈、社名旗、四神旗、金棒、拍子木、神主、唐櫃、賽銭箱、太鼓、お囃子等、神社によってその構成は異なりますが、これらの行列を従えて各神社の神輿が一基ずつ、約三十分ごとに二宮神社に参拝にやって来ます。

かつては、拝殿前までの参拝でしたが、いつの頃からか拝殿の中に神輿を拝入れる昇殿参拝形式となりました。担ぎ棒のついたままの大きな御神輿を拝殿の階《きざはし》をずり上げ、巾も高さもギリギリの柱や梁の間を通り抜け拝殿まで上げる様子は、祭りの一つの見せ場になっています。

二宮神社に昇殿参拝するのは、まず午後二時の菊田神社が最初で、以後三十分間隔で八王子神社、高津比咩神社、時平神社、大原大宮神社、三大王神社、子安神社と続き、最後の子守神社の昇殿参拝は夕方の五時半から六時頃が予定時間となっています。

参拝後、各神社の神輿は、神輿のそばの駐車場等から、車に載せられて各神社に戻ります。これにて、三山の「七年祭」の二つの祭事のうちの〝安産御礼〟の祭典が終了します。

磯出祭

二宮神社への各神社の参拝が終わった翌日の早朝、安産祈願の祭典といわれる「磯出祭」が幕張で行なわれます。参加神社は、父親役（夫）の二宮神社、母親役（妻）の子安神社、子守役の子守神社、産婆役の三代王神社の四社です。

二宮神社の場合は、他の各神社の昇殿参拝が終わって帰路に着いた、夜の七時半に神社を出発します。道中の要所を田喜野井と藤崎の担ぎ手に担がれ、後は車に載せられて大原大宮神社や三代王神社を廻り、磯出式の式場に入るのは早朝（と言うよりまだ夜中）の二時過ぎになります。すでに子守役の子守神社の神輿は式場に入場済みで、この後、子守神社と三代王神社の神輿が入場すると式典が開始されます。

この磯出式の会場は、幕張駅と幕張本郷駅のほぼ中間、国道十四号線に面した場所にあり、かつての海岸線のあった所ですが、現在は埋立によって、海は約二キロ程度遠くなってしまいました。会場は二重の竹矢来に囲まれ、竹矢来と竹矢来の間には神楽の担ぎ手が入ります。祭典の行なわれる場所には、一社五十人までの役員さんしか入ることが出来ません。この五十人に選ばれる事は、氏子として大変に名誉な事だと言われています。会場は南に面してつくられ、神輿は正面に向かって左から、子守神社、二宮神社、子安神社、三大王神社の順に、神揃場と同様に御塚の上に安置されます。

磯出の神事は、満ち潮の時間に合わせて行なわれていた様ですが、今では朝の四時前に行なわれます。かつては秘事として暗夜の中で行なわれたそうですが、現在でも祭事の行なわれる子安神社の神輿の前は、板や旗で囲まれ、ほとんどの人はその内容を見る事は出来ません。

七年前の前回の祭礼の年に生まれた「リョウトメ」と呼ばれる男女の子供が、神輿の前に置かれたタライの中に坐り、二人の持つ貝の蛤を交換すると言うもので、「産屋《うぶや》の神事」、「湯船《ゆふね》」の神事と呼ばれています。

神事が終ると、二宮神社と子安神社の神輿は、七年先までの別れを惜しむ様に揉み合った後、各神社に戻りますが、二宮神社の神輿は一直線に神社に戻るのではなく、神之台の式典のため習志野方面へと向かいます。

神之台

習志野市役所のやや海岸寄りとなる神之台は、前々日の夜、三山神社の役員の方たちが禊を行なった場所からもそう遠くない場所にあります。

朝の五時すぎに「磯出祭」の会場を出発した二宮神社の神輿が、休憩をはさんで、神之台の会場にやって来るのは朝七時前です。細い道路に面した会場には、他の会場同様、御塚が築かれており、菊田や地元の鷺沼の人々の出迎えを受けた神輿は御塚の上に安置され、御祓いを受けます。かつてこの場所で「七年祭」に参加していた〝姉〟にあたる市原の姉ヶ崎神社に、ノロシを上げて祭り終了の合図を送ったそうです。なお、この場所はかつて都から東国に左遷された藤原師経が、この海岸にたどり着き、この場所で焚き火をしたために「火の口」とも呼ばれています。

その後藤原師経の一行は二宮神社に住むことになり、一族の祖先である藤原時平公を二宮神社に合祀しました。平安時代の公卿である左大臣藤原時平公は、あの天神様の神様である菅原道真を九州大宰府に左遷した人物で、そのため、この近辺の天神様をお祀りしている神社の氏子の方は、祭礼期間中は、三山の地を通らないと言われています。

二宮神社の神輿が、わざわざこの地までやって来るのは、時師公が上陸した場所であると言う事と、叔父である菊田神社に、安産の報告をするためだと言われています。

花流し

「七年祭」に参加した各神社の神輿は、この後〝花流し〟と言われる氏子内の御渡を行ないます。これは、「七年祭」の日取りと土日の関係によって異な

西金砂神社中神輿

りますが、「七年祭」の翌日、または翌々日に、一日または二日間かけて、氏子の方々への御礼も含めて、氏子各町内を御渡するものです。日取りや時間等は各神社によって異なりますが、「七年祭」当日とは違って、勝手知ったる地元の町内を、子供神輿やお囃子、山車と共に比較的のんびりと廻ります。

二宮神社も、神之台の式典を終えた後は地元に戻り、午前中は藤崎地区の担ぎ手によって藤崎十字路を中心に往きつ戻りつした後、午後二時すぎには田喜野井地区の担ぎ手に引き継がれ、二宮神社に環御されるのは夜の八時近くとなります。こうして、三山の七年祭は終了しますが、神社によっては、さらに翌日や翌々日も、町内の花流しや行事を行なっている所もあるようです。

金砂神社の磯出大祭礼

概要

茨城県北部の山間部に位置する東金砂神社と西金砂神社が、七十二年に一度、古式にのっとって、かつて神様が現れたと言われる日立水木浜の海岸まで神幸する神事です。両神社共、五百人以上の大行列を組んで、往復約八十キロの行程を六泊七日にて神幸するもので、氏子の方々はもちろんの事、近隣や沿道の方々にとっても、一生に一度の大祭礼となります。

平成十五年三月には、平安期の仁寿元年（八五一）から数えて十七回目の大祭礼が執り行われました。なお、西金砂神社の方では、六年に一度、「小祭礼」と称して、大祭礼の途中の常陸太田市までの神幸を行なっています。

平成十五年の大祭礼の行程と神事

西金砂神社の行程と神事

①三月二十二日（土）〈神社→天下野→中染〉

七十二年ぶりの大祭礼の始まりは、まず西金砂神社からでした。この開始を見ようと、普段はほとんど車の通らない神社までの道路も、関係者や報道関係、見物人の車で大渋滞です。神社では朝から御出社式が行なわれ、御神霊が神輿に移されると、身動きが出来ない程の人々の中、正午に大行列が出発しました。

山の頂に近い神社から山の下にある天下野までは、車の通れる道もあるのですが、古来にのっとって旧道を進みます。この道は、かつて源頼朝の軍と佐竹氏の軍との古戦場の近く〝合戦坂〟とも言われ、また、あまりにも曲がり角が多いため、徳川光圀（黄門様）により、三十六歌仙にちなんで〝歌仙坂〟とも呼ばれています。この約四キロの行程は、片側は崖のハイキングコースの様な道で、大きな神輿の通行はとても危険なため、今回は小さな神輿を新調し、天下野の祭場で大神輿に御分霊を移すまでこの小神輿を使用しました。

天下野から当日の宿泊地のある中染までの境界は、山田川に架かる永久橋に当たり、ここで中染地区に行列を引き渡すため、〝七度半〟と言う儀式が行なわれます。飛脚が行列の到着を中染地区に知らせに行くのですが、一回ではお許しが出ず、八度目にやっとお許しが出て引き渡しが行なわれます。この〝七度半〟と言う行事は、西金砂神社の総本山に当たる滋賀県の大津日吉大社を始め、各地の祭礼や式典で行なわれており、迎えられる側の格式の高さを表していると言われています。行列は、夕方六時、薄暗くなった中染の祭場に入り、大祭礼の一日目が終了しました。

②三月二十三日（日）〈中染→和田→常陸太田〉

朝、中染祭場で祭典が行なわれた後、大祭礼初めての田楽舞が行われました。この田楽舞を見ようと、夜明け前から多数の見物人が集まりました。午前十一時に中染を出発した行列は、松平で受け渡しを行ない和田祭場に向かいます。六年ごとの小祭礼の時も、この地区は主要会場の一つであり、どこからこんなに人が集まったのかと思う程の混雑ぶりでしたが、今回はこれをも上回る〝空前の人出〟となり、八万人近くの見物人が集まりました。この和田祭場で、早朝より集まった大観衆の前で二回目の田楽舞を行なった後、芦間、下大門地区を通り、二日目の宿泊場所である常陸太田市の馬場八幡宮に到着したのは夜八時でした。当日は日曜日ということもあり、一日の観客の総合計は十五万人以上とも言われ、どこも人々で溢れていました。

③三月二十四日（月）〈常陸太田→岡田→石名坂→水木浜〉

常陸太田市内の北側に位置する馬場八幡宮は、佐竹氏の氏神様で、七年ごとの小祭礼でも西金砂神社の行列の最終場所となっています。この八幡宮の境内で第三回目の田楽舞を行なった後、午前十一時に出発した行列は、太田の市内を駅まで南下します。さらに一度戻る様に若宮八幡宮で神事の後、太田市役所前を通り、大祭の目的地である水木浜に向かいます。

行列は、この太田から水木浜に向かう間、二箇所で、古来からのいわれのある儀式を行ないます。まず、途中の十二丁と言う場所で、遥かに見える真弓山に対しての〝弓矢神事〟が行なわれます。この儀式のいわれについては、昔からいろいろな説が言われています。

かつて真弓山の神様も、一緒に大祭礼を行なっておりましたが（江戸時代までと言われています）、現在は行なっていないため、同行を促すために、鳴弦（弓の弦を鳴らす事）を行なう説。かつて金砂の場で神様の打ち合わせ会を行なった時、真弓の神様は一向にいらっしゃらなかったため、その待つ身の辛さから、金砂の山には以後松を植えず、この時の怒りから真弓山に対して弓をひくという説。この地から見て真弓山は鬼門の方向に当たるため、鬼門除けのため弓を射る等いろいろな説が言われ、また、その方法も単に弦を鳴らすのみ、矢を射る等いろいろと言われていました。今回は十二張の弓を祭壇の上に置き、神事のみ（礼拝）で終わりました。

行列がさらに進み、海岸に近い日立市の石名坂に到着するのは、既に暗くなった夕方六時すぎです。この石名坂の受渡所は、前回の大祭礼が終ると榎の木を植え、次回の大祭礼の直前に、ちょうど神輿を安置するのに良い高さで伐採され、神輿台としています。これは七十二年という長い期間での大祭礼だからこそ可能な事なのです。また、榎の木は、中に空洞が生じ、そこに水が涌き出ると言われていました。岩盤が多く井戸の少ないことから、かつては雨乞いの儀式も行なっていたと言うこの地方では、榎の木は御神木に近い存在であった事が、この儀式につながっているのだと言われています。

その後、石名坂を出発した行列は、水木の街を通り、七十二年ぶりに水木浜の祭場に到着したのは夜の八時でした。

④三月二十五日（火）〈水木浜→内田→上河合〉

日付が変わったばかりの深夜の一時すぎ、この大祭礼の目的である〝潮水神事〟が執り行なわれます。御神体とも言われる鮑の入っている壷の海水を、新しいものに入れ替える事と言われていますが、詳しい事は秘儀とされており分かりません。神輿から移され絹垣に囲まれた御神体を、関係者や役員さんが見守る中、磯で新しい汐を汲み、また神輿に戻り、とどこおりなく神事が終了しました。

当日は雨天にもかかわらず、早朝より集まった大観衆の中、第四回目の田楽祭を行なった後、午前十一時に大行列が出発しました。前日の太田と当日の大甕は、行列の通る中で最も人口の多い場所ですが、当日も雨天にもかかわらず、沿道は傘を差した人の波で埋まりました。この後、行列は前日通った道を戻り、常磐高速日立南インターの横を経由して、一本杉と呼ばれる内田祭場での式典を夕方六時に行ないました。帰路の第一泊目となる上河合に到着したのは、既に夜の八時過ぎでした。当日は一日中、雨の中見物する方も大変でしたが、行列に参加している人は、もっと大変で、上の方は透明のレインコートをかけていても、足元のぬかるみにはどうする事も出来ず、寒さと相まって苦労されていました。

⑤三月二十六日（水）〈上河内→藤田→薬谷→大方→高柿→利員→下宮河内〉

前日と打って変わって晴天の中、いつもの様に出発前に田楽舞が奉納されました。神輿の御仮屋となっている河内神社は境内が狭いので、田楽が行なわれたのは隣接する幸久小学校の校庭でした。水戸市に一番近い所で行なわれる田楽舞ということで、また天気にも恵まれ、県道まで人が溢れました。行列は神事で宗教行事なのですが、田楽は文化財であると言う理由から、〝政教分離〟の憲法上の原則にも抵触しないとの見解から許可が下りたようです。十時に出発した行列は、だんだんと神社の近くにやって来ると、祭事をする場所も当日は一番多くなり、藤田、薬谷、大方、高柿、下利員、中利員、上利員などで行なわれ、下宮河内の、金砂の神を最初に祀った場所と言われる金砂本宮に到着したのは夜の八時すぎになっていました。

当日は市街地の多かった前日と違い、田園風景の中、のどかな所も多く、晴天にも恵まれ、沿道の梅の花もちょうど満開でした。おそらく七十二年前は、どこもこんな感じであったろうと思わせる一日でした。

⑥三月二十七日（木）〈下宮河内→上宮高橋→諸沢→御山内大祭場〉

境内以外で行なう最後の田楽舞を行なった後、正午に上宮河内に到着した行列は、その後、山方町の諸沢地区に向かいます。この地区は西金砂神社の氏子ですが、今回が長い大祭礼の歴史の中でも初めての行程です。場所がやや離れているために、移動はトラックとバスを使い、再び行列となって神事を行ないました。

その後、行列は上宮高橋まで戻ってから、神社までの約四キロの急な上り坂の山道を登ります。御山内大祭場の御仮屋に神輿が安置されたのは夕方五時頃でした。

⑦三月二十八日（金）〈御山内大祭場→神社〉

七十二年ぶりの西金砂神社の大祭礼もいよいよこの日が最終日です。最終日とあって、初日同様、大勢の方が早朝より山に登られ、大祭場は人々でいっぱいです。

午前十時、第一祭場で神事と田楽舞、続いて午後一時から第二祭場で神事と、計八回目となる大祭礼最後の田楽舞が行なわれました。そして午後三時、御神霊の乗られた神輿は御仮屋から神社に戻り、御分霊が約一週間ぶりに本殿にお帰りになる御霊返しの儀もとどこおりなく終了して、西金砂神社の大祭礼が終了しました。その後、第一会場で神職の方を始め世話人、行列参加者等による直会が行なわれました。

東金砂神社の行程と神事

①三月二十五日（火）〈神社→清水→中染〉

三日前に、先にお立ちになった西金砂の神様が、未明に水木浜の祭場にて潮水神事が行なわれた三月二十五日、東金砂神社の七十二年ぶりの出発です。正午からの出社式の後、雨の中、傘を差した大勢の見物人に見守られ、御分霊を移した八角形の大神輿が担ぎ出されました。衣装の上からビニールのレインコートをかけての行列の一行は、鳥居をくぐり、雨の山道を県道まで下りてきます。

神輿が本日の宿泊地である中染の祭場に到着したのは夕方の五時すぎ、雨天という事もあり、もうすっかり日が落ちた頃でした。この中染から水木浜の祭場までは、三日前の西金砂神社の大行列とほとんど同じ道を進む事となります。

②三月二十六日（水）〈中染→和田→常陸太田〉

当日の出発地の中染祭場から、目的地である水木浜の祭場までは、三日前の西金砂神社とほとんど同じ行程です。朝、中染の祭場にて第一回目の田楽舞を行なった後、和田祭場へと向かいました。当日は前日と違って快晴で、西金砂神社の時と同様、朝のお立ち以外の場所で唯一行なわれる和田の祭場には、橋本知事も訪れ大変な人出でした。西金砂と東金砂では若干、田楽舞の構成が異なるため、「三日前の西も観たけど、今日の東の田楽舞も観たい」と言う方も、結構いらっしゃった様です。また、この日は帰路にお着きになっている西金砂の行列が、比較的多くこのそばをお通りになるため、一日で両方の行列を見ようとする方も多かった様です。行列が当日の宿泊地、太田の馬場八幡宮に到着したのは、西金砂の時と同様、夜八時過ぎでした。

③三月二十七日（木）〈常陸太田→岡田→石名坂→水木浜〉

朝八時の田楽舞の奉納後、十時に出発した行列は西金砂の行列と同様に、太田の市街を往復する様に進みます。若宮八幡宮で祭事の後、目的地である水木浜へと向かいます。西金砂の行列同様、途中の岡田で弓矢神事（西金砂の時は礼拝のみの神事でしたが、東金砂の方では弓の弦を二度引いて、三回目に弦を鳴らす昔ながらの儀式）を行ないます。その後、石名坂での榎の切り株の上でご休憩になった神様が、千二百年前に上陸された水木の浜に七十二年ぶりに里帰りされたのは夜八時過ぎでした。

④三月二十八日（金）〈水木浜→久慈浜→上河合〉

午前二時、潮水神事は地元世話人の方々の警護の中、とどこおりなく終了

東金砂神社

しました。そして広い海岸の祭場を埋め尽くした大観衆の中での田楽舞の後、行列が祭場を出発したのは午前十一時でした。神様が再びこの水木浜にやって来られるのは、七十二年後と言う事になります。西金砂神社の時は雨の中であった大甕駅前のメインストリートの行列も、この日は晴天と言うこともあり、沢山の人の波の中を進みます。大甕の駅前からは西金砂の行列とは順路が変わり、久慈浜へと向かいます。地元の方の熱烈な御要望で、前回の大祭礼から立ち寄って神事を行なっています。

その後、日立電鉄の線路に沿って行列は進みます。この日立電鉄は、前回の大祭礼の直前の昭和六年に開通した、常北太田と鮎川とを結ぶ電車で、旧国鉄や地下鉄のかつての車両が使用されていましたが、今回の大祭礼の後、平成十七年の三月をもって廃線となってしまいました。日立電鉄の三両編成の電車と大祭礼の行列が行き交うのは、これで永久に最後となってしまうのは、寂しい限りです。

この後行列は、常磐高速の日立南インター附近から西金砂のルートと同じ道を進み、夜八時すぎに上河内祭場の宿泊地に到着しました。当日は、計十万人以上の見物人がこの行列をご覧になりましたが、行列の行程は十八キロ近くにもなったそうです。

⑤三月二十九日（土）〈上河合→藤田→大里→久米〉

週末、そして県都水戸に近いという事もあり、曇り空の肌寒い天気ではありましたが、多数の観客が田楽舞の行なわれる上河合の祭場に来られました。出発した行列は、正午すぎに藤田の祭場をしばらく進んだ後、右に折れて旧道に向かい、大里の集落に進みます。ここまではほとんど西金砂と同じ行程でしたが、ここからは東金砂のみのルートとなります。当日は行程も約六キロと短く、夕方の六時に宿泊地の久米祭場に到着しました。

⑥三月三十日（日）〈久米→本丸〉

あと二日で四月が訪れる日でしたが、当日は大祭礼期間中で最も冷え込んだ朝となりました。氷が張ったこの日の最低気温はマイナス四度近くまで下がりましたが、期間中最後の日曜日とあって、朝の田楽舞の行なわれる久米祭場では、前の国道が通行止めとなる程の混雑ぶりでした。十時に出発した行列は、和田の手前で県道三十三号線に入りますが、ここから中染までは往路も通行したため、この沿道に住む方々は西金砂神社の往路と合わせて、計三回の行列を見る事が出来る訳です。常陸太田市街と祭場の水木浜の一部を除いて、通行した順路を再度通ることなく、ぐるっと一周して神社に戻る西金砂の行列に対して、東金砂の方は、この様に再び往路と同じ道を通って帰るのは、神社の位置や氏子の区域、道路の位置等による理由からだと思われます。

寒かった朝とは変わって、日中は暖かな一日でしたが、その行程は約十六キロと前日の二倍以上の距離を進みました。中染を通過して行列はさらに北に進み、最後の引き渡しとなる永久橋では、西金砂の初日同様「七度半」の儀式が行なわれました。この辺りまで来ると、神社まであと一息の場所で、行列に参加している人たちにとっても地元なので、沿道からも拍手とともに「お疲れ様でした」、「ご苦労様でした」などの声がかかります。

県道に面した大鳥居の前を通り、東金砂神社を創建する時に仮宮となったと伝えられる本宮神社のそばに造られた本丸祭場に、行列が着いたのは夜七時過ぎでした。

⑦三月三十一日（月）〈本丸→神社〉

いよいよ大祭礼の最終日となりました。本丸祭場での最後の田楽舞は、地元の方々の見物も多く、ゆったりとした雰囲気の中で行なわれました。そして最後の大行列が正午すぎに神社に向け出発しました。

神社まで約五キロ、高低差は約三百七十メートルの上り坂の山道を、何回かの休憩をとりながら行列が進み、神社に着いたのは午後三時でした。その後神事が行なわれ、御分霊が本殿にお帰りになられて、ここに七十二年ぶりの大祭礼がとどこおりなく無事に終了しました。

神社の縁起と歴史

東北地方から連なる阿武隈山系の南端、源氏川の東西の山の頂きに近い場所に鎮座される、東西の金砂神社は、その御祭神はもとより、縁起や歴史もほとんど同じで、今回のほとんど同時に行なわれた大祭礼でも分かる様に、伊勢神宮の内宮と外宮、鹿島神宮と香取神宮の様に一対の関係にあると言われています。

共に、大同元年（八〇六）天台宗の宝珠上人が近江国の日吉権現を勧請したと伝えられ、この時、都から水木浜に上陸した事が、「金砂の神様が鮑の船に乗って海からやって来られた」と言う伝承になり、大祭礼の起源につながっているのだと考えられます。その後、神仏習合の思想に基づき、多宝塔や羅漢堂、多くの僧房が建てられ、また近江日吉大社の山王二十一社にちなみ、東西の金砂神社にもそれぞれ二十一社ずつの末社が出来たと言われています。

なお、藩主の佐竹氏の崇敬は厚く、特に東金砂神社については、社殿の再興や佐竹氏の家紋を神社の紋章にしただけでなく、佐竹家が秋田に移る時は、御分霊を奉じ、秋田の領内にも金砂神社を建てたうえ、秋田での城と神社との位置関係まで常陸に合わせたと言われています。

現在では、水戸徳川家の神仏分離政策（水戸藩の神仏分離は明治維新により前に行なわれています）により、山内の仏教色は排されています。御祭神は両社共、大己貴命と少彦名命《すくなひこなのみこと》です。

大祭礼について

第一回目の大祭礼が行なわれたのは、神社の勧請から四十五年後の仁寿元年（八五一）でした。以後、”安政の大獄“のため三年遅れた第十五回を除いて、七十二年ごとにこの大祭礼を実施してきました。遠い平安の昔に第一回を行なって以来、現在の平成十五年が第十七回目という事は、この祭りのすばらしさと、この祭りに昔から携わった多くの人々の信仰心と情熱を物語っています。

昔からどういう訳か、この大祭礼が行なわれる年の前後は、世の中が乱れると伝えられています。前回の第十六回目となる昭和六年は、満州事変が起きた年で、今回の第十七回目となる平成十五年は、イラク戦争が起こった年で、しかも、大祭礼初日の三月二十二日はアメリカのブッシュ大統領が開戦宣言をした日です。国内でも平成のデフレ不況が続いていたというのも、不思議な巡り合わせと言えるでしょう。

なぜ大祭礼は七十二年の周期で行なわれるのでしょうか。昔からいろいろな方が、いろいろな説を述べておられます。末年は厄年であり、特に七十二年つまり七十三年ごとに、世間は災厄となると言う説は、前述の大祭礼の前後に、いろいろな事件が現実に起こっている事を考えると興味深いことです。この厄を振り払うために、厄払いとしての田楽舞が行なわれるのです。さらに、陰陽道や五行説、十干十二支等に基づくものや、水戸藩徳川頼房公が伝授を受けている吉田神道との関係等、いろいろな考え方があります。また、金砂の神様（御神体）は鮑で、壷に入った海水の中に入っています。鮑は、清浄な海水の中では永久的に生き続けると言われていますが、七十二年も経つと、水も濁りまた少なくなってしまうので、新しい海水に交換するのが、「磯出の神事」とも伝えられています。

西金砂神社田楽舞

田楽舞

東西金砂神社の大祭礼は別名「大田楽」と呼ばれ、行程の要所で演じられる田楽舞が有名です。今回の大祭礼においても東金砂神社では西金砂神社と同様に、神様が前日お泊りとなった祭場で、翌朝六回、行程の途中の和田祭場で一回、計七回行ない、最終日のみ和田祭場で二回実施し、計八回の田楽舞が行なわれました。どの祭場においても、まだ暗いうちから大勢の見物の方たちが場所取りに来られましたが、残念ながら見ることの出来なかった方たちも大勢いらっしゃった様です。

この田楽舞ですが、どういう理由からか、東と西とその構成は異なっていますが、共に昭和四十六年に国の無形民族文化財に指定されています。もともと田楽は、平安時代の頃、田植えの時の労働歌の素朴な踊りから発展したものだと言われています。後に、田楽法師等と呼ばれる専門の人々による曲芸的なパフォーマンスを取り入れた芸能として、鎌倉時代から室町時代にかけて盛んになったと言われています。

その後、あまりの熱狂ぶりに江戸時代に禁止令が出されてからは、神様に奉納するもののみ残されて、現代に伝承されていると言われています。この田楽の目的は、田の神を祀って五穀豊穣を祈る本来の形に、御霊信仰が結びつき、悪霊を鎮め退散させる要素が加わったと伝えられています。現在、金砂神社に伝わる田楽舞は、金砂の神様と共に、近江の日吉大社から伝えられたとも言われておりますが、その正確なところはまだ分かっていないのが現状です。

ややその構成の異なる、東西それぞれの田楽舞ですが、いずれも現在は四段まで伝えられている田楽が、かつては七段まであった事や、建国神話の再現と共に、悪霊を追い払ったり、豊作を祈る所作を演ずる部分等、共通部分も多いようです。

東金砂神社田楽舞

かつては、水戸徳川家によって水戸東照宮の祭礼にも厄除けとして参加をしていましたが、現在では、この田楽舞が行なわれる大祭礼以外では、東金砂神社で毎年二月十一日の風除祭と、西金砂神社では七年ごとの小祭礼の時のみとなっています。

行列

大祭礼の見どころの一つは、東西共に古式にのっとった昔ながらの装束で、御分霊を奉じた神輿を中心に、神社から水木浜の祭場までを往復する古代絵巻図の様な壮麗な行列です。順路はそれぞれやや異なりますが、その距離は約八十キロ近くで、共に六泊七日（最終の一日前には、ほとんど神社の目前まで戻られますが）の時間をかけて往復します。

行列の構成要因は東西で異なりますが、それぞれ五百名以上からなる大行列と、人数を半分に減らした中行列、さらに少人数の小行列とに分けられています。中心となる場所は大行列、それ以外の場所は中行列や小行列という具合に行なわれました。かつての神仏習合時代には、僧侶で山伏などの寺院関係者が行列の主体だったそうです。また東西の神社が同じ日に大祭礼を行なったり、神輿でなく鉾に御神体を奉じて渡御を行なったりもしていた様です。日程も今よりも短く、順路や宿泊地も、現在とはやや異なっていました。

現代においては、東西それぞれ五百名、計一千名もの地元の方々（東と西とでは氏子範囲も異なり、日程も重なるので、両社への同時参加は不可能）が、古式の衣装に身をつつみ、当日の天候に関係なく、神社周辺の急で長い山坂も含めて（移動には車を使用しますが）徒歩での行列を行ないます。参加された皆様は当然それぞれお仕事をお持ちの事と思いますが、土日以外も含めたほぼ一週間、早朝からの行列への参加は、本当にご苦労な事です。土日二日間だけのイベントであれば、いくらでも参加人数は増やすことが出来るかも知れませんが、人口も決して多いとは言えない小さな山間部の集落で、六日間連続で合計一千名、と言う事は、金砂の神様への信仰心と祭りへの情熱がなせる業でしょう。七十二年間隔という、祭りの間隔が注目を集めている大祭礼ですが、現在においては、計一千名がほぼ一週間、大行列に参加するという事自体が凄い事だと思います。

神輿

行列の中心は、御神霊をお乗せした御神輿です。まず、始めに出発された西金砂神社の大神輿ですが、今まで小祭礼の時にも使用されておりましたが、今回の大祭礼を前に修理を行なっています。台輪は四尺以上あり、前後のみに階のある勾欄型、四方扉の延屋根型の神輿です。最近の江戸神輿と違って、勾配も緩やかで張り出た少ない屋根には、各面三個ずつの巴紋が付けられています。

今回は、神社から細い山道を下りるために、新しい小さな神輿が作られました。重量が約八百キロあると言われる大神輿に対して、こちらは約七十キロ程度の小型な神輿で、八人で二天棒を担ぐ事が出来ます。それでも片側が崖になっている急な山道は、前回の大神輿の時は「神輿の巾より道が狭い」とも言われましたが、今回も担ぎ手の交替は不可能で、大変な苦労をされたようです。なお今回の担ぎ手の、白い浄衣の上に黄色い装束、黒い烏帽子をかぶった出で立ちは、新しくなった大神輿の赤い、やや大きめの飾り綱と共に、古式絵巻を見る様でした。

後発の東金砂神社の神輿は、前回の大祭礼の折に新調され、今回の大祭礼の前に大修理を行ないました。台輪が巾四尺以上の四角で、胴、屋根が八角で昔から"金砂の八角神輿"として有名です。西金砂と同様勾欄型ですが、屋根の勾配は急で、八つの屋根面にはそれぞれ屋根巾いっぱいの大きな巴紋が付いています。各面に吹き返しが付き、瓔珞《ようらく》付きの渡御で、その様子はプロポーションこそ異なりますが、神輿の原型とも言われている京都御所の高《たか》御座《みくら》の小型版が動いている様な雰囲気でした。白い浄衣で、こちらも黒い烏帽子をかぶった担ぎ手の背中には、佐竹式の五本骨扇に丸の紋を付けていました。

なお、神仏への崇敬厚い佐竹氏および吉田神道を崇敬していた水戸徳川家の影響か、この近辺には八角や六角の多角形の神輿が多く存在しています。大祭礼の祭場ともなる常陸太田の若宮八幡宮。（かつては五月中頃に浜降りを行なっていました）大祭礼がそのそばを通行する大甕神社。（現在でも大祭の時は神輿を船に乗せて海上渡御を行なっています）大祭礼河合の祭場より、ややはなれた所にある菅谷の鹿島神社。（八月の大祭礼は「ちょうちんまち」と言われた屋台が有名）大祭礼祭場である水木浜より海岸線を南に下った処にある、阿字ヶ浦の酒列磯崎神社（金砂神社同様、少彦名命が磯に出現されたと言う伝承のある延喜式の名神大社で、かつては四月八日に常陸の国の二之宮に当たる静神社を始めとする、近郊四十社以上の神輿が集まった「ヤンサマチ」と言う磯下りと競馬祭が有名）にも平成十八年に修復された六角形の神輿があります。県都水戸にも、佐竹氏との関係深い水戸八幡宮の旧神輿、その水戸八幡宮との関係深い素鵞神社、徳川家康公を御祭神とする水戸東照宮、水戸藩主の徳川光圀公（黄門様）と烈公と呼ばれた徳川斉昭公を祀った常磐神社にも、多角形の神輿があります。東照宮と常磐神社の神輿は、今でも例祭や八月の黄門祭りの時に保存会の人々によって、水戸のメインストリートや駅周辺に担ぎ出されています。

この様に多角形の神輿が京都や能登半島同様、たいへん数多く分布しており、おそらく関東一都六県の中では一番多いところではないでしょうか。また、茨城県は神輿同好会の活動も盛んな所で、今回の神輿渡御においても氏子の方々と共に、地元常陸太田の鶴龍会のメンバーを中心に、水戸神輿連合、茨城神輿連合の方々、県内外の同好会や保存会の人々などによって行なわれました。仕事を休んで家にも帰らずに、一週間近くご奉仕された方もいらっしゃったようです。

磯出

茨城県から福島県の海岸地域は、「海に神様が出現した、海から神様がやって来た」と言われるような伝承の多い所です。海は太平洋が東に広がり、朝はそこから太陽が昇ります。常陸の国名の由来はいろいろありますが、その一つに"日が立つ"と言う解釈もあるそうです。（都から見て日が沈む方向にある方が日向の国）太陽が昇る東の海の向こう側は大勢の神様がいらっしゃる"常世の国"で、そこから神様がいらっしゃるのだと、古代の方々が考えたのも当然の事だと思います。海岸にやって来た神様は、そのまま海のすぐ近くに御鎮座される場合と、離れた山の上など等に御鎮座される場合の、二通りに分かれます。このうち、海岸から離れた所にいらっしゃる神様が、何年かに一度、上陸された海岸に言わば里帰りを行ない、潮水を汲む等の神事を「磯出の神事」と言い、かつては多くの神社で行なわれていたそうです。現在でも福島県の浜通り地区の神社には、「お浜下り」と言う名称で残って行なわれている所もあります。何年かに一度（六年または十二年が多い）と決めて実施されるのを「式年お浜下り」と呼び、この時に合わせて社殿の修理を行なう場合も多いようです。同じ阿武隈山系の南側に位置する金砂神社の大祭礼も、同じ分類に入るかと思います。

なお、神輿が同じ様に海岸まで渡御して、海に入ったりする神事は、神奈川県の湘南地域にも多く見られます。祭りを見ただけでは同じ様に見えますが、こちらは一年間（または何年間か）の氏子区域の罪穢を海に流すという禊神事が多く、「磯出」に対して「浜降り」と呼ばれています。海の遠い地域で川に神輿を入れるのも同様の理由です。

準備

"七十二年ぶり"と言う事になると、当然のことながら前回、昭和六年（一九三一）の事をおぼえておられる方は、ほとんどいらっしゃいません。氏子の人々にとっても、宮司さんにとっても、さらに関係する行政の方々にとっても、すべて初めての経験です。

西金砂神社の場合、正式な実行委員会が発足したのは平成十一年（一九九九）でした。検討すべき事が山程ありました。まして海までの行程の道筋は、地元外の行政区域で、金砂神社とは別の氏神様のおられる区域も通らなければなりません。

平成の大合併前の事だったため、行列の通過する行政単位も、日立市、常陸太田市、金砂郷町、水府村、山方町の五市町村にのぼり、それぞれの役所や警察署、また行列通過地区や祭場周辺の役員さん、住民の方との打ち合わせや説明会を数多く行い、協力をお願いしました。幸いにも、祭りが近づくにつれ、マスコミにも取り上げられる事も多くなり、急激に盛り上がって来ました。

前回の昭和六年の時の様子は、書類や絵巻物等として記録されておりましたが、七十二年という長い歳月は、いくら茨城の山の中とは言え、世の中の状況や考え方を一変させてしまっており、前回の事例が参考にならない部分も出て来ました。一つの例が交通事情でした。前回は自動車がほとんど無く、そのため神輿の宿泊地の近くの民家に泊まるしかなく、小さな村では七百名と言われた行列参加者の宿泊場所を確保するのが大変でした。

今回は車での移動が可能であったので、行列参加者の宿泊場所確保という

準備も必要なく、また見物人の方も、前回は寒い中、民家の軒下で野宿をされた方も大勢いらっしゃった様ですが、今回はもちろんそんな事はありませんでした。反面、交通規制、迂回路の確保、見物人の駐車場の問題等、新しい検討事項が沢山出てきました。前回には無かった携帯電話が文明の利器として登場し、今回は行列の連絡等に大活躍しました。
ともかく無事に、とどこおりなく東西の大祭礼を終了する事が出来たのは、参加された方々のみならず、ボランティアの方々、関連市町村の行政、お住まいの方々や関連の方々すべての協力があって始めて出来た事でした。

江戸・神輿・祭礼・暦

III

江戸町内神輿を巡って

斎藤　力

東神田町会神輿

神輿は、大きくは本社（宮）神輿、町内（町会）神輿、同好会所有神輿に分けられましょう。

我々のように神輿の写真を撮っている者の多くは、圧倒的に神社の神輿（本社神輿・宮神輿）を主たる被写体にしているように思います。一方、神輿同好会などの担ぎ手諸氏は、神輿であれば種類を問わず招請に応えたり、あるいは自発的に、各地の神輿全般を担ぎの対象にしておられるでしょう。過去の数少ない神輿の本をめくってみても、その中では圧倒的に本社神輿の紹介に頁を費やしています。神輿が神様のお乗りになる輿である以上、どうしても本社神輿に重点が置かざるを得なかった、経緯なり書籍の出版意図なりには無理からぬものがあるのでしょう。

今回の『神輿図鑑4』の上梓にあたっては、これまでに、あまり取り上げていない角度から神輿を紹介してみよう！　と企画を立てました。この企画検討の中では「町内（町会）神輿」にも一光を当ててみようということになりましたが、いざ町内神輿を！　ということになると、どういう角度から取り上げ、紹介するのが良いだろうかという基本的な点で悩んでしまいました。各町会それぞれに、大小を問わず素晴らしい神輿をお持ちだし、その中から限られたものだけを紹介する、となると悩んでしまうのは当然だと思います。何しろ私どもで承知している（何らかの機会に撮影した、あるいは拝見した）町内神輿は東京二十三区内だけでも実に千二百基を下りません。

そこで今回は、腹を決めて、何よりも自分自身がぜひ紹介しておきたい！という全く個人的な主観と思い入れで選ぶことにしました。したがって、なぜ我が町の神輿を紹介しないのだ？　というご批判を戴くことは承知の上です。今回掲載できなかった町会の皆さまには、失礼ながら最初にお詫びを申し上げておきます。

しかしながら、これだけの数の町内神輿が存在し、かつ祭礼で担がれていることは、脈々と受け継がれてきた各町会関係各位のたゆまざるご尽力のお陰であると思います。個々の神輿のご紹介の前に関係各位に深甚の敬意を表します。

一方、最近の人手不足、町内人口の減少、財政・経済状況、その他諸々の事情から担ぐ機会が減った町内神輿が多くなっているのもまた現実であります。この機会に町内神輿の勇姿を少しでも多く紹介しておくことは、大きな意義があると信じております。

町内神輿を取り上げる場合に、本社神輿がある場合には、本社神輿も併せてご紹介したケースもあります。また、本社神輿でも、滅多にお目にかかれないような、あるいは今までの書籍で紹介されていないと思われるような神輿も、この機会に加えて紹介することにしました。

本社神輿については、東京都全域では五百基ほどもあろうとか思われます。写真仲間が各自の持つデータを出し合い、計算した結果からの推定です。

有名な浅草神社（三社様）や鳥越神社のように、毎年必ず祭礼において本社神輿が出輿する神社と、下谷神社のように二年に一度出輿する神社、花畑大鷲神社のように十二年に一度「酉年」だけ出輿する神社と実に様々です。また、必ずしも出輿時期を定めずに、不定期に出輿させる神社もあります。世田谷区下馬の駒繋神社のように、平成十九年九月、実に二十五年ぶりに渡御したケースもあります。

町内神輿、本社神輿を問わず、まだ撮影の途中で正確には取材出来ていないために、説明不足や誤りが多々あるかもしれないことは予めご容赦ください。また、蛇足ですが町内神輿をご覧にお出かけの場合、各神酒所の位置が祭礼時によって異なる町会もあり、本文中の記述と異なった場合もご容赦ください。町内神輿は本社神輿と違って渡御周期が不規則であったり、渡御時間が分からないなど、見学には様々な困難がありますが、その町会に事前調査に赴くなどしてからのお出掛けをお勧めします。

同様に本社神輿といえども、事前に承知しにくい場合もあります。今までですと、市区町村の観光担当課なり観光協会にお尋ねすると、神輿渡御の有無位は把握されていたのですが、最近は概ね、どの観光協会でも、大きな行事と認識されない祭礼は把握しておられなくなりました。これにもまた、情報収集には自分の足が頼りになってきているのは、残念なことです。

一方、そうした困難さの中でも、自分の見たいところに足を伸ばすことは楽しみでもあります。本書が契機となって、神輿同好会の担ぎ手の皆さんから、未知の素晴らしい神輿をご紹介いただけるかもしれません。いずれにしても、この項が、広く皆さんに神輿の良さをお伝えできれば、望外の幸せです。

なお、本項所載に際して、多くの方々のご示唆、ご教示を賜りましたことに対して末筆ながら御礼申し上げます。

神田神社

多町二丁目町会神輿

昭和五十四年（一九七九）、東向島の志布景彩の作。台輪寸法三尺

梨地漆塗延軒屋根、三重棰木、二重勾欄型、四方桟唐戸、四方階

多町二丁目は神田駅から近い場所にありながら、古い神田の家並がかすかに残る風情ある町会である。この町会の大神輿は先代神輿の後を受けて、昭和五十四年に製作されたものである。この辺りの事情については林順信氏の著『江戸神輿春秋（春の巻）』に詳しい。三尺の大神輿が、大勢の担ぎ手に静かに揉まれて行く様は、見ていても惚れ惚れする。特に瓔珞を付けたままの渡御ともなると、神田氏子中でも屈指の大神輿という風格を滲ませる。

神輿に合った町会袢天もまたこの神輿に相応しい。

神田神社

馬喰町二丁目町会神輿

昭和三十二年（一九五七）、日本橋の関徳の作。台輪寸法三尺

黒漆塗真一文字延軒屋根、勾欄型、前後桟唐戸、四方階

後年、行徳の浅子周慶が修復。

馬喰町二丁目町会神輿は神田明神への宮入りには参加せず、近隣との連合渡御か単独での渡御なので、なかなかお目にかかれない神輿だ。大体本祭りの年の土曜日、神幸祭行列が過ぎると町内渡御が始まるようである。三尺の大神輿ゆえに担ぎ手も相当数を必要とするが、いつも町内各企業社員の応援を得ての渡御である。

また揃いの白袢天が渡御を引き締めている。時によっては、屋根の周りを弓張提灯がぐるりと囲むことがあるが、胴は地味で落ち着いた木彫りである。これだけの大神輿を渡御させるために行う、関係各位の裏方でのご努力に敬意を表したい。

神田神社

東神田町会神輿

昭和二十九年（一九五四）、行徳の浅子周慶の作。台輪寸法二尺七寸

黒漆塗照型延軒屋根、平屋台型、前後桟唐戸

東神田町会氏子地域は岩本町・東神田地区として、宮入りの連合渡御に参加しているが、東神田町会は馬喰町二丁目町会とは目と鼻の先で、道路を隔てて都立一橋高校の入り口に神酒所を設けている。祭りを司る東神田町会には、非常に祭り好きの方々が多いとみえ、数年前の本祭りには、東神田神輿だけのビデオを作成したり、金曜日の宵宮には近所の会社の皆さんにも振舞う他、日曜の神輿宮入りの前の晩も、遅くまで神輿を町内渡御している。

神輿自体もこの地域屈指の大神輿で、胴彫刻は極彩色、浅子神輿中の傑作の一つであろう。神酒所に飾るときは瓔珞が付いているのが通例であるが、胴彫刻並びに神輿細部の出来栄えも見学者に見てもらえるよう、瓔珞を外している場合もある。これだけの大神輿を、明神様の宮入りまで肩を入れていくのは至難の業と思うが、町会各位の溢れる熱意・情熱が祭りになると爆発するようである。

近年になって気が付いたことだが、神輿が担がれている際に後方から見ていると、浅子神輿特有の鳳凰がまるで生きているように感じられ、前から見る勇壮さとはまた一味違った趣を感じる。平成十九年の本祭に、明神様の境内で宮入りの様子を眺めていたが、その時間に前後して宮入りした他の神輿に比べてもその元気さは群を抜いていた。同年十月に放映されたＮＨＫ教育テレビ「美の壷」でも神輿自体が紹介された。

神田神社

錦町三丁目町会神輿

昭和八年、四世宮惣村田喜三郎の作。台輪寸法二尺六寸

平成八年、神輿師小川政次修復。

延屋根・二重勾欄・前後扉・前後階

神田明神町会というのみならず、東京の神輿の中でもとくに異彩を放っているのがこの町会の神輿である。

東神田在住鈴木正道氏が解説をし、錦町三丁目町会で再構成したものをご紹介したいと思います。

「疎開までさせて守った宝物　錦三大神輿」

この神輿最大の特色は「金虫喰塗」という研出し変り塗で彩られた屋根にあります。これは、虫喰跡のように不規則な下塗りに金箔を貼り、上に漆を塗り重ね研ぎ出す技法です。神輿屋根は素木をはじめ黒漆・梨地・螺鈿・沃懸など多様な技法を用いますが、「虫喰塗」の作例は他に類例を知りません。

加えて錺師水谷庄助の鏨になる蕨手・吹き返し・八双金物・台輪金物等の牡丹唐草紋は、野筋や軒面の紗綾形紋と相俟って、神輿に独特の華やぎを供します。

また木彫りも、柱隠しの昇龍降龍・木鼻の唐獅子・欄間の「松に飛鶴」扉脇の「桜花に山鵲」蹴込の「波に千鳥」と、定石に叶った造りになっています。特に東西堂嵌「牡丹に唐獅子」のしなやかな動きや東側の親獅子がくわえる唐籠は、七宝の籠彫りで珠を彫落としてあり珍しい上に凝った造りで、彫刻師の技量の高さが伺えます。

総体「虫喰塗」や錺金物等、黄金使いの多いうちに朱の鳥居・囲垣を配し、宮惣独特の力強い屋根の起こり（むくり）と、照り（てり）を付けない直ぐ（すぐ）な軒線、そして台輪も古風に四角くまとめ、華やかな内にも端正な趣を醸す、神田有数の神輿と自負します。

※

錦町三丁目神輿は、錦町二丁目神輿と交代で本祭の宮入りに参加する（錦連合として）ので、宮入りとしては四年に一度であるが、金曜日の宵宮には近隣の企業あるいは学生に解放して担いでいるので見学の機会は意外に多い。しかし、何と言ってもその特徴の「虫喰塗」は、晴れた日に見学されることをお勧めする。平成十九年の本祭では、その好条件下での宮入りとなった。天候にも恵まれたので撮影の好機とばかりに、ワクワクしながら朝の神酒所出発と、明神様境内での宮入りシーンをカメラに納めたが、屋根の「虫喰塗」が鮮明には表現できなかった。やはり、現物を拝見して自分の目に焼き付ける以外は難しい。

小野照崎神社

元入谷町会神輿

大正十年、宮惣の作。台輪寸法三尺

この神輿も本社神輿同様に瓔珞を着けて担いでいるときは、瓔珞が神輿の鳥居に当たり、シャンシャンという何ともいえない音色を響かせる。年代物の重厚な神輿は、その音色と共に見る者を惹きつける。祭りの度に神社近くに御仮屋をしつらえ、ほぼ毎年土日に渡御している。近年担ぎ手が少なくなっているようにも思われるが、大神輿であるがゆえに毎年の渡御は大変だろう。

小野篁公の人形が乗る大きな山車も、この町会の持ち物で山車に施されている刺繍もまた素晴らしい。こんなに立派で大きな山車が、今も子供に曳かれて町内巡行していることは誠に素晴らしい。また近年は、お囃子も元気な音色を響かせて、神輿渡御をサポートしているのは好ましい。

小野照崎神社

北上野町会神輿

制作年代、作人不詳。台輪寸法二尺九寸。平成十四年に修復

亀腹の部分に特徴のあるこの神輿は、かつてこの辺りに屋敷のあった前田家が寄付して作られたものと言われている。台輪裏に「地主前田家」とある。平成十四年にも修復したが、製作年代不詳ながら、相応の古神輿であることが窺える、凝ったつくりの神輿である。

小野照崎神社

北上野一丁目町会神輿

大正十二年、鹿野喜平の作。台輪寸法三尺一寸

この神輿もかつては「幻の神輿」と言われた位、渡御回数が少なかったが、近年では町会各位の熱意で担がれる機会が多くなって、われわれ神輿好きを喜ばせてくれる。鹿野喜平による大正十二年作の文化財級の神輿で、銀色の二代目鳳凰が鋭いまなざしを向けている。台輪裏の作人をはじめとする、作成当時の関係者名などの木彫も、鋭い彫刻刀の切れ味を感じさせ、胴嵌めの彫刻もまた素晴らしい。東京でも非常に少ない、幔幕の瓔珞も見ものだが、近年は瓔珞を外して担ぐ機会が多い。小野照崎神社の町内神輿中、屈指の大神輿なので相当数の担ぎ手を必要とするため、渡御のつど、町会役員の皆さんのご苦労がしのばれる。

小野照崎神社

北上野二丁目町会神輿

大正十年製作。作人不詳。台輪寸法二尺一寸

そう大きい神輿ではないが、胴の金彫刻といい、全体のバランスといい、実に素晴らしい神輿である。細部にわたって精緻な作りの神輿で、台輪裏には作年と作成時の町会役員などのお名前が木彫されているが、残念ながら作った神輿師の名前は彫られてはいない。必ずしも毎年担がれないのが残念だが、是非とも見学をお勧めする一基である。

小野照崎神社

中入谷町会神輿

昭和二十七年、後藤直光の作。台輪寸法二尺四寸。平成二年に修理。

もう随分前のことだが、小野照崎神社の町内神輿を探して歩き廻っていたときに遭遇した神輿で、昭和二十七年の後藤直光作とうかがった。平成二年に修理されたそうで、撮影しているときに、「どなたが修理されたのですか？」と尋ねた相手の方から、「直したのは私です！」と言われて驚いたものだ。た

しか浅野さんと仰ったと思う。
台輪二尺四寸の神輿だが、担がれているときには町会弁天が派手に映るので、神輿が小さく見えてしまう。

小野照崎神社
坂本二丁目町会神輿
大正八年、宮惣の作。台輪寸法二尺五寸
坂本地域は、毎年宵宮で、一基ずつ交代に各神輿を担いでいるので、なかなか担いだ姿は見ることが出来ない。

小野照崎神社
坂本町会神輿
製作年代不詳、宮本重義の作。台輪寸法二尺八寸
なかなか撮影と出輿の時期が合わず、私にとっては縁の薄い神輿となっている。高さのある堂々の大神輿との再会を祈っている。

千代田区　三崎稲荷神社
三崎町一丁目（宮元）町会神輿
戦前製作、後藤直光の作と聞く。台輪寸法二尺四寸
屋根からすべて総彫りの神輿だ。四囲の屋根には、龍の彫りによって丸い稲荷紋がはめ込まれ、台には四神が東西南北に彫られている。町内神輿としては出色の出来で、古老が「よく戦災で焼けずに残ったものだ！」と感慨深げに仰っていたのが今でも印象に残る。
この町会神酒所は時により場所が変わるし、それだけ変化の多い土地柄なので、維持管理されておられる町会各位に敬意を表したい。

三崎稲荷神社
神保町三丁目町会神輿
昭和後期、宮本重義の作。台輪寸法二尺四寸
町会は九段には一番近いが、神社からは一番離れているかもしれない。バランスのとれた神輿で、担いでいるときに安定感を感じる。神酒所には季節を感じさせる藤の花なども装飾され、連合渡御の集合地点ともなる町会である。

三崎稲荷神社
一神町会神輿
昭和五十六年（一九八一）、小川政次の作。台輪寸法不明
神保町のさくら通りを中心にした町会で、神輿は屋根が大きく、担いでいるときにも安定感を感じる神輿である。左右の胴嵌めに刻まれた彫刻も見事で、落ち着いた雰囲気のある神輿だ。この神輿については林順信氏著『江戸神輿春秋』に所載されている。

三崎稲荷神社
西神田三丁目町会神輿
製作年代、作人不詳。台輪寸法一尺八寸
以前は道幅も狭く、神輿も屋根の周りを軒提灯がぐるりと囲んでいて、神輿自体が良く分からなかった。しかし区画整理で近辺に大きなビルが建ち並び、神酒所も大通りに面して設置されるようになったのと呼応して、神輿から提灯が外れて良く見えるようになった。子供の山車も昭和七年作で平成十八年に修復された。この神輿も制作年代などは不詳だが、小振りではあっても台輪四囲の彫り物は、厚い欅材に鋭く彫られている。
一番の特徴は鳳凰？の頭の部分だろう。図抜けて大きいし、思わず笑み

がこぼれるような他に類例のないコケティッシュな顔立ちである。自分としては妙に気に入っていて、この鳳凰の顔を見たさに、ついつい足を運んでしまう。町会の方によると、宮本卯之助商店の作とのことである。

三崎稲荷神社

神保町一丁目北町会神輿

製作年代不詳、岡田屋布施の作。台輪寸法二尺

神保町交叉点のすぐ奥にある町会だが、言いようによっては神酒所は分かりづらい。この神輿を初めて見たのは白山通りを担いでいるときで、車に注意しながら撮影したが、考えてみればそんなポジションで撮影していては危険だった。それから何回か撮り直しに通ったが、今もって満足いくものが無い。

三崎稲荷神社

神田西町会神輿

製作年代不詳、宮惣の作。台輪寸法二尺

作人札に独特の感じがある一時期の宮惣の神輿のうちの一基だろう。

神酒所は公園風の場所にあり、北神町会のすぐ近くである。いつも見ていて思うのは、このくらいの大きさの神輿を、皆で元気良く担ぐのが、祭礼としては一番賑やかに感じるということだ。そのような雰囲気をいつも感じる町会であり、神輿である。

三崎稲荷神社

三崎町会神輿

製作年代不詳、宮本重義の作。台輪二尺四寸

白袢天で統一された担ぎ手がいっせいに神輿を上げると、非常に絵になるという気がする。飾り綱が幾分派手目なこともあろうが、各町の中にあっては一番担ぎ手が集まる町会だろう。このほかに町会は、北神町会、西神田町会がある。

以上の九町会で連合を組んで宮入りを行うが、途中の呼びものは、神保町交叉点を一時全部通行止めにして、九町会全部の神輿が交叉点内をグルグル廻ることであろう。見ていて目が回りそうな光景で、写真は実に撮りにくい！　連合の仕上げは宮入りとなるが、各町ごとに宮入りし、お祓いを受けて出て行くというスタイルである。

元三島神社

ＪＲ鶯谷駅のごく近くに鎮座する元三島神社では、三年に一度本祭りが行われる。同神社氏子町会である「下根岸町会五〇年誌」に所載されている戦前の写真を見ると、大きく立派な本社神輿があったことが分かるが、残念ながら現在本社神輿は無い。しかし全九ヵ町の町内神輿が、賑々しく古き東京の面影を色濃く残す根岸の町々へ集合し、連合渡御が行なわれる。

連合渡御には各町会から三〜四人、総勢三十人ほどのお嬢さんが手古舞として参加、連合渡御の先頭についているので、それだけでも連合渡御は華やかになる。しかも出発場所では勇壮な出陣太鼓が打たれ、いやが上にも盛り上がりをみせる。しかも町内大神輿だけでなく、町会によっては子供神輿や山車も一緒に出発し、最終到着場所まで同道するので、非常に賑やかな連合になる。

この時期は東京の祭りが各地で同じように開催されるので、元三島神社町会の殆どが地元の皆さんの総出で賄われ、見物人もまた地元の人で溢れる。町会役員の方に伺うと、手古舞に参加希望者を募って、定員をオーバーする

町会と、定員不足で苦労する町会とに分かれるとの事である。氏子地域は意外に広く根岸の里のみならず東日暮里の各町におよび、ＪＲ三河島駅の近くまでとなっている。日曜の連合渡御前日の土曜日に神酒所巡りをしたことがあるが、徒歩で全町会を巡るのは結構大変だった。

主題の町内神輿だが、各町それぞれに特徴をもつ神輿があるし、前述のごとく他所での祭礼と日にち的にも重なるので、今まで余り多くが紹介されていない。今回は全基をご紹介しておこう。なお、各神輿には屋根に三本木の神紋が付いている。

元三島神社

宮元（上根岸・根岸二丁目）町会神輿

昭和二十年代、宮本重義の作。台輪寸法二尺三寸

この二町会、もともとは一つの町会だったと伺ったことがある。神酒所は両町会ともに置かれるが、神輿は一基を交互に担いでいる。宵宮にも元気に担がれている。上根岸には昭和三十年代製作の中神輿が別にある。

元三島神社

中根岸町会神輿

昭和二十年代、後藤直光の作。台輪寸法二尺六寸

連合渡御の出発の地にある町会で、在りし日の下谷病院に近いところに神酒所が置かれる。この辺りはお寺さんの多い場所で、根岸の里を色濃く残している場所のひとつであろう。

神輿は、宮元同様、ほぼ毎年の祭礼で宵宮と昼間の両方に担がれている。特に宵宮では二天棒で担がれ、一つの特徴となっている。二天棒でバランス良く担ぐのは大変なことだと思う。昼間は普通に四本で担ぐ。

元三島神社

下根岸町会神輿

昭和三十三年（一九五六）、後藤直光の作。台輪寸法二尺六寸

下根岸町会では、根岸四丁目金曾木小学校近くの、石稲荷神社横に神酒所が設けられる。したがって神輿は、石稲荷神社からの宮出しという形になる。

この神輿をひときわ印象付けているのが、左右の胴嵌め額だ。ひとつは唐獅子、もうひとつは青龍、それぞれ彫金額である。額の箱書きに「昭和三十三年五月」とある。中根岸生れの三井義夫氏の作成で、重厚で素晴らしく、躍動感の有る彫金だ。この彫金額は金けし法によるものとのことである。作者の三井氏はこの額完成の七ヵ月後に鬼籍に入られたので、地元ではことのほか大事に管理されている。過年早めに神酒所にお邪魔して、彫金額がまだ木の箱に入っている状態で拝見したが、胴に取り付ける作業も一苦労である。慣れた方だとすぐに胴嵌めが可能だが、慣れないとなかなか難しい。浅学ゆえ、定かではないが、東京都内で胴嵌めの彫金神輿はこの下根岸町会だけではないだろうか？

神輿全体に言えることだが、肩が入り、担がれているときには、こうした細工物は全くと言って良いほど目につかないもので、町内神輿には本社神輿にはない贅を尽した部分があり、それを拝見するのも楽しみの一つである。特にこの神輿は瓔珞も付けて担がれており、胴嵌め額は見落としてしまいがちなので、神輿が止っているときにジックリその素晴らしさをご覧いただきたい。

元三島神社

東日暮里一二町会神輿

昭和三十年代、鹿野喜平の作。台輪寸法二尺一寸

二重台輪で、たっぽを高くみせる工夫がなされているが、何といっても鹿

野神輿の見せ場である蕨手に青龍、白虎、玄武、朱雀の四神がついていることが特徴だろう。鹿野作の神輿にはよくある手法ではあるが、何せ鹿野作の神輿自体がそう多くはないので貴重な一基といえよう。

元三島神社

東日暮里三本町会神輿

製作年代、作人不詳。台輪寸法三尺

大神輿で、殆ど毎年担がれている。神酒所は、JR三河島駅にほど近い小さい公園のそばの一角が広場になっており、そこに設けられる。例年四月下旬頃には一角のお宅の壁際に「藤」の木が縦に伸びて、房が上から滝のように垂れ下がるので有名な場所でもある。台東区の保存樹木に指定されている。花の時期には大勢の見物人であふれている。そのような土地柄の中、三尺の大神輿ゆえに、ユサユサという感じに担がれているように見えるのは気のせいか？

元三島神社

東日暮里三南町会神輿

昭和八年（一九三三）頃製作、作人不詳。台輪二尺四寸。昭和五十四年、後藤直光修復。

古老の話だと昭和八年頃に購入した記憶があるとのことである。一、二丁目と同様に四神が蕨手に付いいた、特徴ある堂々の一基で、担いでいると何か不思議な精彩を放つ神輿である。曖昧な表現で申し訳ないが直感的にそう感じるからである。最初に見た時の強い印象を引きずっているのかもしれない。

元三島神社

東日暮里四丁目町会神輿

昭和五年（一九三〇）、宮惣の作。台輪二尺九寸

台輪裏に製作者が彫られた立派な金具細工がはめ込まれており、製作に関与した方々のお名前が彫ってある。三尺近い堂々の大神輿で、宮惣作らしい雰囲気が存分に味わえる神輿だ。

いつも町会事務所に神酒所を設け、賑々しく祭礼に臨んでいる。連合渡御のときよりも、地元で担いでいる最中に、祭礼の赤提灯の中を進む光景に出くわしたときは、心が躍ったものである。

元三島神社

東日暮里五丁目町会神輿

昭和六十年（一九八五）、足立区の伊吹製作所製。台輪寸法二尺四寸

伊吹製の神輿はそう多くはないので、機会があればとくとご覧頂きたい。

元三島神社

東日暮里六丁目本町会神輿

戦後、宮本重義の作。台輪寸法二尺三寸

町会神酒所はちょっと分かりにくいが、神輿は睦の方々が取り仕切るようで、毎回元気な渡御が見られる。

素盞雄神社

宮元七ケ町神輿

大正十一年（一九二二）、浅子周慶の作。台輪寸法三尺六寸

黒漆塗延軒屋根、平屋台型、前後桟唐戸、井垣柱勾欄型

素盞雄神社もまた氏子地域が非常に広く、三年に一度の本社神輿渡御も全町会を廻るのに、土日の二日間を要するほどで、したがって町会（内）神輿もいくつあるのか、残念ながら全貌はつまびらかではない。その中で宮元七ヵ町神輿は原則として、本祭りの前年に宮元七ヵ町氏子合同で渡御される。しかも早朝の六時から十一時頃までの短時間しか渡御されない。台輪三尺六寸の大神輿は、二天棒で神社庫前から肩が入り、社殿前でも大きな神輿振りを行った後に、正面鳥居から宮出しされ、氏子七ヵ町を細かい路地まで入り込んで渡御される。本当に家並みすれすれに神輿が通り、見ているほうがヒヤヒヤするほどの光景である。

素盞雄神社

河原崎町会神輿

昭和初期、作人不詳。台輪寸法三尺

黒漆塗延軒屋根、平屋台型、囲垣柱勾欄型

河原崎町会はある意味では分かりにくい場所に神酒所が構えられている。素盞雄神社の各町内神輿は、どれもが大きな台輪を持つ大神輿で、勇壮な神輿振りを行うが、この河原崎町会神輿もそう広くはない町内を、元気よく渡御していく。残念ながら作った神輿師は知ることが出来なかったが、「河原崎」と染め抜いた揃いの袢天も印象的である。

素盞雄神社

三ノ輪町会神輿

製作年代、作人不詳。台輪寸法三尺

東京メトロ日比谷線三ノ輪駅近くの大きなマンション付近に、三ノ輪町会の神酒所が設けられる。この大神輿はしばらく担がれることは無かったが、近年また復活し担がれるようになった。台輪が三尺ある大神輿で、神酒所を出るとすぐの、大関横丁交差点でひと揉みされる。素盞雄神社独特の左右に振る勇壮な神輿振りで、大きな交差点で振る光景は一見の価値がある。

神輿は昭和十二年より前の作だと聞いたが、素盞雄神社町内神輿は殆どがそうした年代物の神輿であって、台輪三尺神輿を二天棒で担いでいく担ぎ手は大変だろう。

なお、三ノ輪町会の雌雄一対の獅子頭は平成十八年に綺麗に修復され、神輿同様の棒の組み方で子供によって町内お披露目がなされた。

素盞雄神社

箕里町会神輿

大正三年ないし四年作、作人不詳。台輪寸法三尺

JR常磐線南千住一丁目の大陸橋ガード下のそばの医院付近に、箕里町会の神酒所が置かれる。この神輿は、大分以前に担がれているところを撮影して以来、しばらく訪問していず、久々に訪ねた時には、台車で町内廻りとのことであった。それからまた歳月が流れ、近年は肩を入れての渡御がなされていることは大きな喜びである。そんな見学者の勝手な経緯を経て、久々に対面した箕里町会神輿渡御は、万感胸に迫るものがあった。

大神輿で、狭い通りを二天棒で担いでいく様は、大通りで見る神輿とは一味違った趣を感じる。

素盞雄神社

通新町会神輿

製作年代、作人不詳。台輪寸法三尺五寸

私が素盞雄神社町内神輿で最初に遭遇したのが通新の神輿である。大関横

丁にほど近い路地から急に大神輿が現れて、びっくり仰天した記憶がある。しかもこの台輪三尺五寸もの大神輿が、豪快に左右に神輿振りを行う様は、見事としか言いようのない光景である。

数ある素盞雄神社町内神輿の中でも、宮元七ヵ町神輿と双璧の大きな台輪を持ち、屋根の部分が大きいので、実際に大神輿が揺れる様は見事な一幅の絵のようである。記憶の限りでは余りの大きさゆえ、一時は中神輿に代役をさせていたようにも思うが、近年修復もされ飾り綱も緋色になったので、さらに華やかな神輿になった。祭礼時の神酒所は神社から二百メートルと離れていない、柳通りとコツ通り交差点との中間辺りのところに設けられている。作人は浅子周慶と聞いた記憶があるが定かではない。

荏原神社

宮本櫻心会神輿

大正十二年（一九二三）、神田の和田亀こと和田亀次郎の作。台輪寸法三尺

銅板葺延軒屋根、平屋台型、四方栈唐戸、輦台式台輪

六月の荏原神社天王祭には、多くの町内神輿が宮入りするが、この宮本神輿は朝の早いうちから担ぎ出し、宮入り時間も早い。古風な神輿で、太鼓を結ぶ麻の綱もまた時代を感じさせる。

神社近くの旧東海道に面して、立派な御仮屋が設けられる。早朝はさすがにそう多くないが、少ない人数でも平気で神輿が挙がってしまう。何といっても太鼓、笛の大拍子の音色がなんともいえない風情を感じさせる。前後左右に揺れながらの渡御は、ほほ笑ましく見飽きることがない。

神輿が揉まれるたびに、担ぎ棒を結ぶ綱がギシギシと音を立てている。荏原神社の氏子神輿中、屈指の大神輿であり、古色蒼然とした雰囲気を漂わせながら、旧東海道宿場町を悠々と町内渡御している。荏原神社は海に一基の神輿が入る、「かっぱ祭り」としてつとに名高いが、この宮本神輿を含めて、多くの町内神輿が神社への連合渡御を行う様子もまた、得がたい風情を感じさせるものである。

品川神社

北二町会神輿

平成十四年、浅草の宮本重義の作。台輪寸法二尺五寸

銅板葺延軒屋根、平屋台型、輦台式台輪

六月の荏原神社天王祭と相前後して開催される、品川神社の天王祭では、町内神輿の連合渡御が土曜日に、にぎにぎしく行われる。また、連合に参加しないで、町内だけで渡御される神輿もある。

北二（北品川二丁目）町会は、旧東海道品川宿のほぼ真ん中に位置しており、従来から二尺の神輿を担いでいたが、平成十四年には新しく神輿を新調した。連合渡御では北一、北二、北三、御殿山、袖ケ崎などの各町会から、同様な風情の神輿が旧東海道を練り歩く。品川拍子に合わせて、笛と太鼓の競演ともいえる賑やかで楽しい風景が現出する。

第六天榊神社

宮元町会神輿

大正時代、作人不詳。台輪寸法三尺一寸

黒漆塗延軒屋根、勾欄型、前後栈唐戸、四方階、四方社名額付鳥居

木彫に極彩色の胴体という表現だと、一見派手な神輿と思われてしまいそうだが、瓔珞が装着されたまま担がれるのを見ると、それなりに時代を経ているせいか、そのことを感じさせない落ち着いた雰囲気を漂わせている。

第六天榊神社

寿三丁目町会神輿

昭和八年（一九三三）、地元浅草寿町の栗山五郎の作。台輪寸法三尺

黒漆塗真一文字延軒屋根、平屋台型、四方栈唐戸

彫金の胴体で、鳥居に瓔珞が当たるとシャンシャンという、一種独特の音色が印象的な飾り神輿である。寿三丁目は神社から一番距離のある町会になる。神酒所は、通例江戸通りと春日通りの厩橋交叉点から、少し浅草寄りに入った辺りに設けられる。町会連合渡御に参加したりしなかったりまちまちであるが、揃いの白袢天が、この重厚な神輿を際立たせている。神輿を修復した折に作人札が外されたようだが、台輪裏には作人である栗山五郎名の彫金が貼り付けられている。これだけの神輿が維持され担がれているのは、地元の方々のたゆまないご尽力によるものだろう。

小松川神社

小松川一二町会神輿

大正十二年（一九二三）、地元宮師の雨宮三之助と猪瀬喜一の作。台輪寸法三尺七寸

梨地漆塗延軒屋根、勾欄型、前後栈唐戸、四方階、胴柱及び台輪梨地漆塗仕上げ

江戸川区小松川の、旧中川沿い小松川三丁目に在る小松川神社は、六月第一日曜日の午前中に祭礼式典が行われる。一帯は再開発によって近代的なマンションなどが立ち並び、神社も周辺整備で社殿は新しく生まれ変わっている。その境内にある三つの神輿庫が祭礼の時には開扉され、いずれも三尺以上の大神輿が姿を現わす。この神輿庫にかくも立派な神輿群があるとは夢にも思わなかった。きっかけを作ってくれたのは、新聞に載った「小松川神輿四十五年ぶりに復活！」という記事だった。裏話に近いことだが、事前に神社へ行ってみたが、どこにも神輿の渡御なんて書いてはなかった。大いに慌てたが、よくよく見ると神社井垣の端の方に小さい印刷物が貼ってあり、そこにはインターネット・ホームページアドレスが記載されていた。それを検索して情報を入手出来たのだ。現在は休止中のサイト「小松川神輿」によると、「小松川一二町会神輿は大正十二年、小松川の職人雨宮三之助と猪瀬喜一によって製作されたもの。台輪三尺七寸。昭和四十三年（一九六八）の明治百年祭で渡御して以来三十二年振りに修復し、平成十三年（二〇〇一）八月に渡御と相成った。神輿創建後、戦時中も含めて渡御は数回しか記録にない。鳳凰は二枚の真鍮を打ち出し合わせ作った。瓔珞は鏨で一枚一枚の手作り。彫刻はすべて手彫りで柱隠しではない彫り物としては貴重」とあった。

渡御当日は朝八時頃神社から肩を入れて通りに出し、トラックに載せて、午後からは東大島駅から大勢で渡御し、宮入りした。久々に新発見した町内大神輿にワクワクしたものである。

小松川神社

小松川三丁目町会神輿と小松川四丁目町会神輿

小松川三丁目町会神輿＝戦前製作、後藤直光の作。台輪寸法三尺三寸

小松川四丁目町会神輿＝昭和三年（一九二八）、後藤直光の作。台輪寸法三尺

小松川一二町会神輿でワクワクした余韻で、もう一回のワクワクをご披露したい。

一二町会神輿渡御の時には、他に二つある神輿庫はシャッターが降りたままで空いておらず、伺えば「六月第一日曜日には祭礼式典があり、その時には開扉する」というお話だった。一二町会神輿が立派だったので、神輿好き

としては、今回の大神輿に匹敵する神輿が拝めるかもしれないと夢も広がり、勝手に大きな希望で胸を膨らませて、翌年六月に再度歴訪した。祭典の時間を聞かずに出かけてしまい、着いた時にはもう祭典の後片付けも終わり、庫のシャッターを閉める寸前だったが、ご無理を言って拝見させていただいた。

驚天動地とはこのことで、なんと小松川三丁目町会の方は台輪三尺三寸、段葺延軒屋根で素木の後藤直光戦前作、そして小松川四丁目町会（親交会）の方は台輪三尺、こはぜ掛八ツ棟屋根の昭和三年（一九二八）、これもまた後藤直光作の神輿ではないか！

後藤作の大神輿が2基も眼前にあることの現実にしばし呆然。しかし残念ながらお仕舞いの時間なので、慌ててカメラのシャッターを押してから、お聞きすると、「昔、この辺りは今と違って、水運を業とする会社などもあって繁栄を極めていたので、各町会とも相応の神輿が購入できた」ということらしい。「最近は担ぎ手も少ないし、ましてやこのような大神輿は担げないし、仮に担ぐとしても修復をしないと難しい」とのお話であった。いずれの神輿も蕨手が大きくせり出して、時代を感じさせるに十分な風格があったのを胸にきざみ、来てみて良かったと、つくづく思った。さらにその翌年も、今度は時間を確かめて同好の士とともに訪れ、写真撮影をさせていただいた。願わくば、これらの大神輿が実際に渡御する様を見たいものだが、多分叶わぬ夢であろう。

江戸川区　白髭神社

東小松川南町会神輿

昭和初期、宮本重義の作。台輪寸法三尺。後に浅子周慶が修復

中央香取神社を上社、白髭神社を下社として、両社の祭礼が行われる。いずれも三年に一度の本祭となる。白髭神社は、小松川神社と荒川、中川を挟んでお互い対岸に位置している。境内には神輿庫製作にまつわる由来を記した銘文があり、興味をそそる。

昔、大先輩から修復前の写真を戴いたことがきっかけとなり、殆どの本祭の年には様子を見にいっていたが、中神輿を担ぐことはあっても大神輿の方を担ぐ機会には巡り会えなかった。平成十九年八月の本祭で、大神輿が担がれると写真仲間から聞いていても、本当だろうか、今まで何度も空振りだったし、と思いつつ、前日に下見して、当日勇躍して駆けつけたものである。私が探索を怠っている間に、大神輿が担がれていたのかもしれない。

平成十九年の渡御では、胴に晒しを巻いていたので分かりにくかったが、胴嵌めの彫刻と共に、四囲の鳥居にそれぞれ巻きついた四匹の龍の彫刻が素晴らしい神輿である。四匹の龍はどれも鋭い切れ味で、生き生きとしており、見ていて吸い込まれそうになる迫力だ。しかもどの龍も少しずつ表情が異なり、いくら眺めていても飽きない。写真で比べてみると面白い。だが、実際の撮影となると、四面すべてを均一の光線条件で眺めることは、意外に困難である。この辺りが撮影の難しさかもしれない。いずれにしても十数年もの歳月の後に、ついに大神輿が担がれて出たシーンを撮影でき、やっと一つ宿題が片付いたようでホッとしたものだった。

なお、東小松川三丁目のお隣り、西小松川町に天祖神社があるが、その西小松川町にも大神輿があると聞いている。祭礼は四年に一度だが、このときには中神輿が渡御する。大神輿の方は、先輩の話では庫の中にあるのを観たということなので、本祭りの日に行ってみたが、町会事務所脇にある庫は鍵がかかっていて確認することはできなかった。

赤坂日枝神社

兜町町会神輿

戦後製作、行徳の後藤直光の作。台輪寸法一尺五寸
梨地漆塗唐破風屋根、勾欄型、前後桟唐戸、四方階、二重台輪
平成十六年、八丁堀の三世秋山三五郎により修復。
文字通り、わが国の有力証券会社が集まる街「兜町」、この神輿はその町並みに比べればこじんまりとした神輿である。しかしながら随所に神輿師の技が投入され、山椒は小粒でもピリリと辛いといった神輿である。そもそも飾ってあるときの瓔珞自体が、七宝に兜町と焼かれた凝ったものだし、鳥居龍の彫り物も精緻である。同時に飾られてある清正兜もまた立派なものである。祭礼時にはこの兜が山車の上に載る訳である。
平成十六年六月の祭礼では、十数年振りに兜町神輿に肩が入れられ渡御された。担いでいるところをどうしても撮影したいと思っていて、念願が叶った内の一基である。

赤坂日枝神社

茅場町一丁目町会神輿

昭和初期、浅草の宮本卯之助商店作。台輪寸法二尺八寸
黒漆塗延軒屋根、勾欄型、前後桟唐戸、前後階
茅場町一丁目町会神輿は、赤坂日枝神社神幸祭の行われる土曜日に、茅場町交差点付近の御仮屋に飾られるが、神幸祭行列が通過すると仕舞われてしまうので、写真に収めるのは意外に難儀である。茅場町一、二、三町会それぞれに大神輿があるが、その中では一番台輪の大きい神輿である。しばらくの間はこうして飾り神輿となっていたが、金曜日の宵宮として、氏子会社の有志を担ぎ手として二時間ほどの渡御が二、三年行われたこともあった。久々に渡御するというので勇んで観にいったが、宵宮なので屋根の周りを軒張提灯がぐるりと完全に囲んでいるので、やはり飾った時でないと神輿自体は良く鑑賞できない。それはともかく、宵宮渡御は流石に茅場町の会社と思わせる大人数の参加で元気がよかった。

赤坂日枝神社

茅場町二、三丁目町会神輿

茅場町二丁目町会神輿は昭和三年、宮銀の作。台輪寸法二尺六寸
黒漆塗唐破風屋根、勾欄型
茅場町三丁目町会神輿は昭和五年、宮銀の作。台輪寸法二尺六寸。
黒漆塗延軒屋根、勾欄型、前後桟唐戸、前後階
茅場町二、三丁目町会は、赤坂日枝神社祭礼には合同でお祭りを行っている。大神輿はそれぞれの町会が所有しているので、本祭りごとに交互に渡御している。本祭りは二年に一度なので、それぞれの大神輿は四年に一度渡御されることになる按配だ。いずれも町内渡御に先立つ早朝に、赤坂の日枝神社までトラックで運び宮入り渡御を行うことがある。
茅場町二丁目神輿の台輪裏に、作人宮銀の木彫がある。茅場町三丁目神輿は、町会に大きな宮銀の作人札が保管されている。しかも町内神輿としても珍しいと思われるが、神輿の鳥居に「茅場町」と彫金文字が大きく刻まれ浮き出ている。いずれの渡御も両町会力を合わせてのもので、お囃子車もついて、風情ある渡御風景をかもし出しながら、近くにある神幸祭での休憩御旅所「日枝神社」に宮入りする。

福生市　福生神明社

本町八丁目神輿

天保十二年（一八四一）、作人不詳。台輪寸法三尺
黒漆塗延軒屋根、平屋台型、四方桟唐戸

青梅線福生駅から徒歩十分ほどの、新奥多摩街道に面したところに福生神明社が在る。毎年七月の最終土日に、八雲神社祭礼として行事が執り行われる。初日の土曜日昼頃までに、各町内から山車と子供神輿、大人神輿が神明社に集結する。山車は街道に集結し、お囃子の競演が後に続く。山車が八基以上集結しての式典なので、それはそれはにぎにぎしく、白狐や岡目ひょっとこ等の競演も賑やかである。境内には大小の神輿や、色とりどりの花万灯が終結し、式典が行われる直前には、市の文化財である天王祇園太鼓が奏でられる。式典後は、町会ごとに順次神社から出て地元に帰還している。その中で、本町八丁目神輿は、天保十二年（一八四一）創建の古い由緒ある神輿で、平成三年には「天保神輿創建一五〇年記念」と銘打った記念行事も行われ、記念手ぬぐいも調整された。神酒所は、神社とは青梅線を挟んで対極に位置し、奥まった路地の幼稚園に設置されている。初めてこの神輿を見たときには、随分古そうだと思ったが、天保神輿と記された札を見て、再度驚いたものである。

深川神明宮

森下三丁目町会神輿

昭和十五年、後藤直光の作。台輪寸法三尺二寸

江東区の深川神明宮には後藤直光作の本社大神輿があり、三年に一度の大祭で原則として土曜日に、神幸祭として神輿が渡御されている。そして翌日の日曜日には、氏子である各町内神輿の連合渡御が実に賑々しく長時間行われる。どれもなかなか味わい深い町内神輿が多い中で、特に出色の神輿は森下三丁目町会神輿であろう。

この大神輿は、紀元二千六百年を記念して作られた神輿である。黒い段葺きの屋根に素木の彫刻という、神明宮御本社神輿と同様な形に見えるが、神輿の胴柱と軒がいずれも二重になっている珍しい作りである。これは言葉では説明しにくいところで、ぜひとも現物で確認していただきたいと思う。また、神明鳥居に巻きついているかのような龍の彫刻も、きわめてリアルで素晴らしいものだ。

余りの大神輿なので、一時期は肩を入れての渡御が中断されていたように記憶しているが、近年では大勢の担ぎ手の参加を得て、堂々のワッショイ担ぎを見せてくれている。この神輿が大向こうから担がれてくる様子は、本当に迫力がみなぎり、いわば怒涛の如くという形容がぴったりの担がれ方である。八月の一番暑い時期の祭礼なので、担ぐ方も見る方も汗だくだが、ぜひともご覧いただきたい一基だと思う。

亀戸香取神社

亀戸七丁目北部町会神輿

明治末期または大正初期作で作人不詳。台輪寸法三尺五分

黒漆塗延軒屋根、勾欄型、彫金主体の飾神輿

八月の亀戸香取神社大祭では、「こんにゃく神輿」と称され、胴体がゆらゆらギシギシと揺れる著名な本社大神輿が渡御されるが、本社神輿がトラックで町内巡行に廻ってくると、大体の町会では自町会の神輿が渡御される。亀戸七丁目北部町会神輿もその中の一基であるが、際立った年代ものの神輿だろうと推察される。町会の方のお話では明治時代後半か大正時代初めに出来たものであろうとのことである。

また、本来は本社神輿と同様こんにゃく神輿だが、現在はビス止めがなされているそうである。また、作人は本社神輿と同一人ではないか？　とさえ云われている。確かに神輿の作り、胴体の金彫刻などは本社神輿と非常に似かよっており、好事家の各位には一度ご覧いただければと思う次第。思いの

ほか、知られていない名神輿だと思う。初めて出会ったときは、本社の神輿だと勘違いするほどの大きさと風格を兼ね備えている。

新小岩四丁目天祖神社

第五自治会神輿

昭和五十七年、銚子市の鈴木勝凱氏の作。台輪寸法二尺五寸

天祖神社各町会は、第一から第六自治会までと中町であるが、各町が新小岩駅に集合してロータリーを連合で元気に廻る様子は、真夏の熱気以上に熱いものがある。その中では、第二自治会の関西風神輿、中町の出村栄作作の神輿などが目を引くが、この第五自治会神輿は筆者の好む八ッ棟屋根の神輿なので。

江戸川区・香取神社

五分一町会神輿

大正十年（一九二一）、行徳の後藤直光の作。台輪寸法三尺五寸

黒漆塗延軒屋根、勾欄型、素木造、前後桟唐戸、四方階、四神彫台輪

江戸川区中央には近接して香取神社が二社ある。ここでご紹介する五分一町会神輿は、中央四丁目五―二三にある方の香取神社の町内神輿である。町会神酒所は新小岩駅南口から平和橋通りを船堀方面に進み、五分一通りを右折し、松島一丁目の五分一橋付近にある。大祭は三年に一度で、おおむねその時に渡御されている。

新小岩駅に近い松島三、四丁目にある東町会、南町会、西町会の三町会それぞれの神輿は、連合渡御するので過去にも見たことがあった。ある年、その三町会の神輿を撮るべく現地に赴き、とある商店で「神輿はいま、どの辺りを渡御中でしょうか？」と尋ねたところ、「あんた、神輿が好きなら、この先にある五分一町会の神輿の方が大きいヨ！」と示唆を受けた。

今まで何回か来たが、三町会しかないと思っていたし、今回はその三町会ですら撮影していない時期であったが、思いがけない話に半信半疑ながら行ってみることにした。正直言って、他の三町会に比べて遠いので、いささかウンザリしながら向かったが、到着してみてビックリ仰天、思わず唸ってしまった。どう見ても台輪は三尺以上はありそうな、かつ相応に古そうな大神輿が御仮屋の中に鎮座しているではないか！　今まで誰からも聞いたことが無かったものが（写真仲間内でも大きい神輿は話題になるのが通例）、このような場所にあるとは、と感嘆してしまった。土曜日だったので、神酒所の方に伺うと、「明日肩を入れるヨ」とのこと、ワクワクしながら帰宅した。

翌日、他の神輿撮影予定を自らキャンセルして、この神輿の撮影にかけつけた。御仮屋から出してあり、久々に大きく立派な漆塗り屋根の素木神輿を目の前にして、その感慨にまた心が躍ってしまった。町会役員の方のお話によれば、作人札は無いが、ご本人のお生まれの大正十年、行徳の後藤直光作に間違いないとのことで恐れ入った。本祭りの時にしか神輿を飾らないし、肩を入れないようなので、なかなかお目にかかれない。平成十九年八月の本祭では久々にその勇姿に再会できて、とても心がなごんだ。

ちなみに、他の三町会神輿は、東町会は台輪寸法二尺、後藤直光作の総彫。南町会は浅子周慶作。西町会は一・八尺旧神輿である。

江戸川区・香取神社

東四町会神輿

製作年代、作人不詳。台輪寸法二尺五寸

こちらは五分一町会とは違って、江戸川区中央四―二五―一八に鎮座する香取神社の町内神輿である。台輪は二尺五寸ほどであるが、修復して十年ほ

どになる。製作年代、作人とも不詳であるが、戦前の作であろうことは推測できる。案外知られていない神輿だが胴嵌めの彫刻といい、全体のバランスといい、実に良く出来た神輿である。

十年近く前、修復したときに撮影に赴いたが、宵宮だけの担ぎであったので四囲に提灯がぐるりと巻かれていて胴が良く見えず、撮影意欲が削がれたが、平成十九年八月、写真仲間が教えてくれたので、私としては初めて昼間の渡御が撮影できた。

広い町内をトラックに載せて先に巡行し、午後二時から、境内から肩を入れて宮出しとなった。町会範囲が広い場合、肩を入れて全部は廻れないので、こうした形での渡御が行われているのだろう。平成十九年は、担ぎ手は殆どが地元の方々で、随分と賑やかな祭礼で、皆さんはとても楽しそうだった。

亀戸天神社

江東橋四丁目町会神輿

昭和三十年（一九五五）頃、浅草小島町の鹿野喜平作。台輪寸法三尺一寸

金梨地漆塗延軒屋根、勾欄型、四方階、四方蕨手上四神

林順信氏著『江戸神輿春秋』を読んで、ぜひ担いでいるところを観たいと思って神酒所に行ってはみたものの、なかなか肩を入れての渡御が叶わなかったこの神輿がようやく念願叶って担がれることになったのは平成六年（一九九四）の八月であった。東京は記録的な猛暑が続く年で、この日もものすごく暑かった。

出立に当たって、町会関係者のご挨拶の中で、久々に江四神輿が渡御出来ることへの喜びを述べられたお言葉にいたく感動した。関係各位のこれまでのご苦労が偲ばれる思いだった。私個人としても、待望の担ぎ棒縦六本でこの神輿が出たことと、写真に収められた事に感激し、体中に流れ出る汗をすっかり忘れるほど夢中だった。幸い関係各位のご尽力で、以降の本祭りには宮入りし、境内でも見られることになった。鹿野喜平独特の朱雀・玄武・青龍・白虎の四神が四囲の蕨手に配置され、正に威風堂々の貫禄で見る者を圧倒させる大神輿である。

亀戸天神社

緑一丁目町会神輿

昭和九年（一九三四）、本所両国緑町の宮尾作。台輪寸法三尺一寸

梨地漆塗延軒屋根、勾欄型、前後桟唐戸、前後階、四方蕨手上梅の花

緑一丁目の神輿は典型的な飾り神輿で、左右の胴嵌めには、神武天皇と野見宿禰が彫られ金箔が施されている。全体に背の高い神輿で、近くで精緻な飾り各部を眺めていると、時間の経つのも忘れてしまいそうになるくらいに美しい。この神輿が担がれている様子は、見る者を惹きつけずにはおかない。

亀戸天神社

立川四丁目町会神輿

昭和三年（一九二八）頃、行徳の後藤直光作。台輪寸法三尺

梨地漆塗延軒屋根、勾欄型、鳳凰の足元に一輪の梅の花、四方蕨手上梅の花屋根紋に銀色の三つの梅鉢紋が実によく目立つ、異彩の神輿である。同時に胴の木彫りが実に切れが良い。この神輿もまた大きな神輿で、担ぐ様も堂々としており、宮入りして来ると、すぐにそれと分かる華やかさがある。町会御仮屋に納まっているときと、担いだときに感じる落差がどんな神輿にもあるものだが、この神輿には特にそれを感じる。ことに若干高い位置から斜めに観ていると、梅鉢紋がひときわ鮮やかに感じるからだろう。

鎧神社

淀橋市場神輿

昭和三十年（一九五五）、行徳の後藤直光作。台輪寸法三尺五寸

黒漆塗唐破風屋根、勾欄型、前後桟唐戸、四方階

鎧神社は新宿区の柏木にあり、四年に一度の本祭りでは氏子各町神輿の連合渡御があると聞いていたので、大祭となる平成十七年九月を楽しみにしていたが、生憎近辺の区画整理などによる道路事情もあって連合渡御は中止、各町神輿は町会ごとに単独の祭礼風景となった。

鎧神社では二月の節分の折に、社殿で古式に則った追儺式が行われるが、その行事は今では東京二十三区内でも珍しい。境内神輿庫が多数あることが以前から気にはなっていた。かつて、故人となられた写真の先輩からも、鎧神社には大きな神輿がある、と聞いていたが、この時期（九月中旬）は都内各所での祭礼が、年間で一番多いときでもあり、ついつい見学がおろそかになってしまっていた。

これらの中で「淀橋市場神輿」は、淀橋市場の場内入り口に御仮屋を設け、神主によるお祓いと御霊入れが行われたが、残念ながら担いでという訳には行かなかった。

神輿新調に至る経緯と関係者の熱意・苦労が『市場神輿の由来』（淀橋市場神輿奉賛会）には精彩に記録されている。時の贅を尽くし、神輿師後藤直光渾身の作で、見るからに重厚そのものの神輿だ。

市場神輿としては神田市場神輿がつとに名高いが、本神輿はそれと双璧を成す神輿といって差し支えない。資料の表現通りに特徴を列記すると、左記の通り。

唐破風屋根　台輪正面—宝剣、右—神鏡、左—勾玉、後面—鎧　の各彫刻

胴の木地は檜　左右胴羽目は七福神　胴柱は昇り下りの龍の彫刻　欄間には十二支

普段は市場内の神輿庫に保管され、祭礼時に市場入り口にお仮屋をしつらえ、飾られる。

平成十七年にお邪魔した際、守衛さんにお断りして市場入り口で拝見していた時、浴衣がけのご担当の方にお聞きしたところ、「何しろ重くて、庫から出して飾るだけでも大変な苦労だ」と仰っていた。お聞きしているだけでも、渡御されている光景に早く巡り会いたいものだと、うずうずしたものだった。本当に見所満載のもので、是非とも飾ってある現物でご確認いただきたいものだ。市場の入り口なので、拝見できる日にちと時間に制限があると思われるので、ご留意いただきたい。

鎧神社

巴講睦神輿

大正十一年（一九二二）、神田田代町の多〻し鉄作。台輪寸法三尺七寸

梨地漆塗延軒屋根、平屋台型、四方桟唐戸

淀橋市場神輿と同様に、巴講睦の大神輿も今回の本祭りでは渡御されなかったが、新橋烏森神社の本社神輿作人と同じ「多〻し鉄」の作である。神輿の存在は既に巴講睦のホームページで拝見していて、北新宿二丁目町会ポスターで見つけた御仮屋に赴いた。ホームページの写真から抱いていたイメージとは全く違い、現実の神輿を目の前にして、その大きさなどに思わず目を見張ってしまった。

胴は渋い素木の彫刻で梨地漆の屋根、派手な作りではなく清楚で大正期神輿の風格がにじみ出ている神輿である。付近の区画整理と道路整備の暁には、これらの大神輿の渡御も観られるだろうと、一日千秋の思いで待ち続けている。

穴八幡神社

原町三丁目町会神輿

大正十一年（一九二二）、神田鍛冶町の宮惣作。台輪寸法二尺九寸

黒漆塗延軒屋根、勾欄型、前後桟唐戸、前後階

新宿区の牛込柳町交叉点より、大久保通りを新宿方面に向かうと右手に稲荷神社がある。原町三丁目町会は九月の穴八幡神社の祭礼でここに神酒所を設ける。ある年、原町一丁目の天祖神社本社神輿（大正十五年・神田鍛冶町宮惣作。台輪寸法二尺五寸）を撮影に行ってからここに寄ってみて驚愕した。胴は彫金と木彫りに金箔仕上げの、素晴らしい飾りのある神輿ではないか。不敬ではあるが台輪下を覗き込むと「大正十一年吉日神田宮惣」と彫られている。穴八幡神社の本社神輿は、ご承知のように素晴らしい古神輿であるが、町会にもこのような神輿が、余り知られずに存在することがあるのだということを、またまた痛感した。町内神輿探訪には、こうした楽しみがあるので止められない。

諏方神社

谷中町会神輿

製作年代不詳、上野池之端七軒町の宮松（本澤松太郎）の作。台輪寸法二尺三寸

黒漆塗延軒屋根、勾欄型、四方階

西日暮里諏方神社の大祭は三年に一度で、古風な神社大神輿が日暮里地区と谷中地区を一日かけて渡御する。相当に広い氏子地域で、一体町内神輿がいくつあるのかは不詳のままである。ここに紹介する谷中町会神輿は、言問通りの上野桜木交叉点資料館付近に御仮屋がしつらえられ、祭礼には飾られる。ただ低い位置に飾られるために、神輿を観にくくしているのは残念である。そもそも谷中町会神輿はなかなか担がれる事のない神輿で、ここ十五年ほどの間でも、わずか二回しか担がれていないと記憶している。直近では平成十八年の連合渡御で出輿したそうだ。「宮松」と作人札がついている通り、宮師本澤松太郎の作で、宮松神輿の中でも、台輪寸法の割りには高さがあるもので、屋根紋はじめ彫金や細かい細工（鳥居の網被せなど）などの出来栄えは、精緻絢爛の神輿である。今後担がれる機会があったら、是非その勇姿を観られることをお勧めする。

宮松作の神輿を追いかけている友人によると、現在までに十二基が確認できているそうである。

代々木八幡神社

神富会神輿

昭和三年（一九二八）、作人不詳。台輪寸法二尺三寸

黒漆塗真一文字延軒屋根、勾欄型、前後桟唐戸、前後階

渋谷区富ヶ谷二丁目に、二階建ての町会会館を持つ神富会神輿は、このところは担ぎ手も多く揃い、神社へ宮入りし、その後の連合渡御にも参加している。なにしろ大きい町内神輿なので、担ぎ手が集まらなければ様にならない。原型は大正末期の神輿とも言われているが、両方の胴嵌めの木彫刻金箔である唐獅子の表情がなんともいえない。この神輿に瓔珞が付いて渡御されると、一段と威厳を放なち、大迫力を感じさせる神輿である。時によっては手古舞のお嬢さんが先導する場合もある。代々木八幡神社の氏子中、屈指の大神輿なので、宮入りも横の坂道から入らざるを得ない。境内地全部に比してそう広くはない社殿前に、この神輿が入ってくる様は、正に一枚の絵だという気になってしまう。

代々木八幡神社

西原敬神睦神輿

昭和初期、行徳の後藤直光の作。台輪寸法二尺五寸

総彫延軒屋根、勾欄型、素木造、前後栈唐戸、四方階、四神彫台輪

西原敬神睦神輿は、欅総彫りの神輿で、後藤直光の神輿である。神酒所は代々木上原駅から神社に向かう途中の路地にあり、敬神睦の面々が丁寧に面倒をみている。

ここ数年はこの神輿も神社宮入りを慣行しているが、一時は山手通り側から階段を上るという大技を使っていたが、流石に最近は露店が多いので、やむを得ず脇道から裏手を回り宮入りしている。厚い木材から渾身の彫刻が掘り出されているので、見た目よりはるかに重量のある神輿だそうだ。

北沢八幡神社

惣町神輿

昭和十年（一九三五）、浅草の宮本重義の作。台輪寸法二尺九寸

梨地漆塗唐破風屋根、勾欄型、素木造、前後栈唐戸、四方階、二重台輪

小田急線下北沢駅からほど近い、北沢八幡神社の祭礼は、毎年九月第一日曜日に行われる。町会八基の神輿が連合して宮入りするが、境内いっぱいに神輿が繰り込み、立錐の余地もないほどになる。その境内の一隅に惣町神輿の庫がある。この欅総彫りの大神輿は、なかなか渡御されることがない神輿のひとつである。

昭和七年に発注され同十年に完成したと聞いているが、それほどの歳月を要して作られたという理由が、その彫刻の素晴らしさを観れば得心がいく。一つ一つの彫刻の切れ味が伝わってきて、いくら眺めていてもなお飽きることがない。仮にそれら彫刻を一つ一つ説明せよ！　と言われたら気が遠くなる。おびただしい種類の彫り物が有るのだ。しかも背の高い神輿なので、肩が入り揉まれ、飾り綱がゆらりと揺れるその姿は、見ているだけで惚れ惚れする。

私が見た、前二回の渡御とも、神輿は東北沢町会神酒所に飾られ、そこから肩が入りゆっくりと時間をかけて宮入りする。戦前の宮本重義作の総彫り神輿の、最高傑作のうちの一基だと思う。単純に比較するのはまずいかもしれないが、同じように彫刻の素晴らしい神輿は、杉並区井草八幡宮本社神輿だけだろう。

新宿区　熊野神社

角筈三丁目町会神輿

大正十三年（一九二四）、後藤直光作。台輪寸法三尺三寸五分

新宿区西新宿にある熊野神社では、三年に一回の本祭りに一之宮、二之宮の二基の本社神輿が担ぎ出される。担ぎ方は「四谷担ぎ」で、先棒《はな》を両手で支えて両足で踏ん張る独特の担ぎ方である。

その熊野神社には町内神輿が十五基ほどあり、それぞれに特徴がある中、出色の神輿が大神輿「角筈三丁目町会神輿」である。大神輿ゆえに、そう多く出輿の機会はないと聞いているが、オリンピックが開催される年には出陣されるという。

一度だけ渡御撮影の機会を得たが、祭礼時、神輿は町会事務所に飾られているので、ぜひともその姿を見ていただきたい。素木、段葺き屋根の神輿自体が非常に珍しく、かつ、それが台輪三尺三寸五分ともなると、後藤直光神輿のなかでも異彩を放つ。この神輿を紹介するには、余りに言葉が足りず簡易すぎるが、是非、実物でお確かめいただきたい。また、町会神酒所でのお話からは、地元の皆さんが如何にこの大神輿を大事にされているかが、ひしひしと伝わってきた。

文京区・正八幡神社

関水町会神輿

大正十年（一九二一）神田の「和田亀」作。台輪寸法三尺

文京区にある有名な椿山荘のガケ下に水神社がある。江戸川橋沿いである。川向こうに関水町会という町会があり、その水神社の横にある神輿庫に関水町会持ちの大神輿がある。関水町会は水神社側にある正八幡神社の氏子町会である。関水町会神酒所は、江戸川橋の早稲田寄りビルの中に通例は設けられる。水神社にある神輿庫は施錠されているので普段は全く見えない。かつてはこの庫にどんな神輿が入っているのだろうと、大いに楽しい想像をしていたものである。しかし、ここの祭礼は、都内でも一番神輿の多い九月であり、なかなか訪れる機会がなかった。

とある年、ようやく訪れる機会に恵まれ、勇躍赴いた。町会神酒所前の道路に古風で小ぶりの神輿が置かれていた。思ったより小ぶりだったが、良く出来た神輿だったのでしげしげと見ていたところ、町会役員の方に「来年はもっと大きい方の神輿だヨ」と示唆を受けた。大体、一年おきに大中神輿を出しているとのことであった。

「大きい神輿ってどのくらいの大きさですか?」「うん、とにかく大きいヨ」という、どこの町会へ行っても繰り返される質疑応答を経た後、平日にまず町会のポスターを見に行った。ポスターに神輿渡御日時、時間が記されているることはほぼ半分くらいの確率であるが、今回は「九月〇日〇時から大神輿」と記されていた。とにかく神輿の多い日にちに当たるが、その時刻に間に合うように赴いた。そして初めてのご対面となったが、惚れ惚れするような大神輿で、久々に感じ入ってしまった。町内神輿で、このような感激に浸れることはそう多いことではないが、この一基との出逢いは正にその数少ない機会であった。撮影者の立場だけから言えば、もう少し早い時間に上げてもらえれば、光線の良い状態で撮影が出来るのに、と言いたいところだがそれは贅沢というものだろう。

このような東京の真中で、大神輿が担がれること自体に、町会関係の皆さんのご苦労がしのばれる。

大田区・鹿嶋神社

滝王子町会・宮本睦神輿

大正十四年（一九二五）、宮大工石井竹次郎の作。台輪寸法三尺。平成四年に修復。

大森鹿嶋神社は、大森駅と大井町駅のほぼ中間地点に鎮座する神社である。この神社の祭礼は例年十月の第三日曜日にあたり、多くの町内神輿が氏子町内を渡御する。

中でも滝王子稲荷神社に神酒所を置く、滝王子町会・宮本の神輿は出色である。大正十四年（一九二五）に宮大工石井竹次郎によって製作され、平成四年（一九九二）に別途修復が行われている。台輪は三尺、胴は彫金の飾り神輿で、龍頭も精巧に彫刻がなされている。この三尺神輿に笛と太鼓の大拍子が加わって、主に池上通りを渡御し、夕方には神社に参拝する。渡御中は、池上通りの一車線をバスなどの大型車両も通行するので、そのつど神輿は歩道側に寄りながら、右に左に多少よれつつ静かに進む。流石に大神輿だけあって大勢の担ぎ手が集まるが、夕刻の宮への参拝の頃にはさらに人数が増え、また見物人も増えるので、神社前ともなると大変な混雑と活気溢れる渡御となる。近くでの撮影などは難しい状況になる。夕刻になって、神社側の提灯はじめ各種照明も鮮やかになり、いやが上にも渡御は盛り上がる。

鹿嶋神社

森睦神輿

昭和九年、後藤直光の作。台輪寸法二尺五寸

大井町の大井三又に神酒所を設ける大井三丁目の森睦神輿は、台輪二尺五寸、昭和九年、後藤直光の作である。撮影時点では、古色蒼然とした落ち着きのある神輿であった。聞くところによれば宵宮として夜の八時に神社で御霊入れを行って担ぎ、翌日の昼間も町内を渡御している。撮影者泣かせの神輿で、太鼓が付いてしまうと撮影角度が難しく、折角のにぎにぎしい渡御の雰囲気を表現しづらい。

鹿嶋神社

原睦神輿

昭和六年、後藤直光の作。台輪寸法二尺五寸

西大井二丁目にある町会神酒所には、昭和五十四年に書かれた由来の立て札がある。この神輿も森睦神輿と同様に古色蒼然の神輿で、屋根に丸い巻龍の彫刻、その中に銀色の巴紋が大きく納まっている。

これだけの大神輿でありながら、担ぎ手はそう多くなくても挙がってしまうのには、いつもながら驚く。地元の皆さんがこの祭礼にかける意気込みの伝わる渡御風景である。このほかに鹿嶋神社町会では、西大井四、五、六の三町会で連合渡御を行ったり、山車、子供神輿も交えて各町内を巡行したりと、各町会ごとに特色を出して祭礼に臨んでおられる。

品川区・雉子神社

西五反田一二三町会神輿

大正七年（一九一八）、作人不詳。台輪寸法三尺六寸

昭和五十年（一九七五）、目黒住の中村正治により修復

JR五反田駅にほど近い桜並木通りに町会会館があり、その横の倉庫に眠っているこの神輿を初めて見たときは、その大きさにまず驚いたものである。神輿の横の立て札を全文引用させていただくと、次の通りである。

「この神輿は大正七年当時大崎町大字上大崎の若者中の熱意と町内有志の浄財により建造され、永年雉子神社の例大祭に担ぎ挙げられてきましたが、時移って西五反田一二三町会が維持して来ました。このたび町会役員有志相計り浄財を集め目黒住中村正治に依頼して素木造りを漆塗りとし飾り金具を補い荘厳に修復したものであります。　昭和五十年六月　西五反田一二三町会」

台輪三尺六寸の大神輿ゆえ、肩を入れての渡御はなかなか見ることが出来なかったが、知る限りでは平成十二年と同十五年には渡御されている。平成十五年時には神社までの長い上り坂を行き、神社参拝後に宮から出てきた折、丁度太陽を浴びて金色の神輿が光り輝き、写真撮影時には大いに感動したものである。なかなか渡御する姿を見ることが叶わない神輿なので、十月初旬の祭礼時には、まめに足を運んで確認に行っているが、大神輿ゆえの悩みをお持ちの様子だった。

同神社の上大崎三丁目町内神輿は、屋根が六角の神輿で、本来子供さん用に能登から譲り受けたとお聞きしたが、都内では珍しい神輿である。

男たちの歳時記

菊川三丁目町会御仮屋前にて

本社神輿

祭りの流儀
祭りの仕来り

亀戸天神社菊三睦　木下忠義

亀戸天神社大祭

亀戸天神社の氏神様は菅原道真公で、九州大宰府天満宮の分社です。江戸時代から参詣人で賑わっていました。大祭は四年に一度で、八月二十五日に近い土曜日に、文政九年（一八二六）の『神輿出社祭祀之図』に描かれた往時の祭事を再現します。鳳輦を菅原道真公ゆかりの黒牛に曳かせ、氏子二十五ヶ町を廻ります。鳳輦に相前後して神幸祭が行われ、平安朝装束の神官によって王朝風の祭礼絵巻が繰り広げられます。日曜日には、大小二十数基の町内神輿が連合で神社に宮入りします。

菊川町

「菊川」は天和三年（一六八三）、御小人の大縄拝領町屋敷となった場所で、元禄九年（一六九六）に町屋が許され、その時〝小堀の菊川〟にちなみ「菊川町」と命名されました。明治四十四年までは本所区に、昭和二十二年からは墨田区に所属となりました。

菊川駅近くには、火付盗賊改長谷川平蔵の屋敷がありました。平蔵の死後、南町奉行遠山金四郎が入ったと言われています。

菊川三丁目町会神輿

神社の紋は梅鉢なので、屋根の上に梅鉢をのせ、その上に鳳凰を頂いています。台輪寸法は二尺五寸ですが、屋根や胴は二尺八寸の寸法取りで、延屋

菊三睦会

根の張り出し、蕨手は大きくなっています。軒下の枡組の五行三手の作りは吠える龍頭で、胴柱と鳥居の重厚な木彫りは後藤直光の作によるもので、町会自慢の神輿です。

平成十八年の大祭日程

八月二十五日（金）宵宮　午後四時三〇分　御霊入れ式
　午後五時～八時　夜店（模擬店）
八月二十六日（土）　午前九時三〇分　子供神輿、山車町内巡行
　午後二時二三分～三四分　御鳳輦町内渡御
　午後三時　子供神輿、山車町内巡行
　午後三時三〇分　大神輿町内巡行
　午後五時～八時　夜店（模擬店）
八月二十七日（日）　午前六時　大神輿宮入り渡御出発
　午後一時三〇分　大神輿町内巡行
　午後一時三〇分　子供神輿、山車町内巡行

※

祭りには、〝観る楽しみ、参加する楽しみ〟があります。参加するにも、ただ神輿を担ぐだけでなく、祭礼の準備から執行までの務めがあります。下町には今もなお「宵宮の御神酒所開き」があり、隣町会の御神酒所に挨拶廻りをする「渡り」があります。

また、御神酒所の前での寝ずの番も祭りの楽しみの一つです。前を通る町内の人たちが挨拶をして行ったり、お酒を呑みながら、子供の頃の祭りの想い出話や昔話をしたり、普段は言葉を交わしたことのない人たちまでも、話の輪の中に入り込んで、そこはいつの間にか〝町の社交場〟となります。

ある世話人さんが話の中で、「祭りにはときめきと儚さがある。祭りの楽し

菊川神輿會

さは宵宮までで、神輿が出ていってしまうと、もう祭りは終わったも同じだ。その日一日だけの楽しみで、祭りが終わった後の寂しさは何とも言えない」と言いました。しかし、担ぎ手からみれば祭りの楽しみは何と言っても、神輿の渡御にほかなりません。三ツ目通りに各町会の大神輿が七基勢揃いし、七時に出発。途中、三方面より合流して総数二十二基で神社に宮入りします。

今では、昔のような祭りはできません。最近は景気も悪く、奉納金を集める役員さんのご苦労は大変です。ただ、私は祭りを生きてきた男として、祭りのよさ、楽しさを、できるだけ多くの人が参加することによって体験してもらい、江戸下町文化の残る祭りを、後々までも残していきたいと思っております。

祭りの仕来りを受け継いでいく

第六区三番組　清水信孝

「大祭」に際し、鳶としては、町内の祭りに関する準備、警備、片付けなどが主な仕事となります。いわば祭りの裏方です。

二週間前から準備に入ります。各家を廻って注文を受け、軒提灯を軒下にさげることを手始めに、一週間前から御神酒所、御仮屋を作る作業に入り、町境の〆御幣を笹につけて、そこに町名入り高張り提灯を設けます。御霊入れ式に合わせて神輿を組み立て、綱を掛けます。土曜日の神輿の町内渡御、日曜日の連合渡御から神社への宮入り、戻って町内渡御と、さまざまな場所で警護に付いて歩きます。その後、神輿だけを解体し、月曜日に全てを片付けます。

代々家業が鳶で、子供の頃から「跡を継ぐんだ！」と言われながら育ち、

隣り町会への渡り

親父の背中を見ながら仕事を学んできました。また、一区十番組頭の山口政五郎さんの元でも修行し、可愛がっていただき、八幡様の御仮屋を作る手伝いをしてきました。

父親が六十四歳で亡くなり、自分はまだ三十五歳の若造でありながら、町会の人たちから「頭!」と呼ばれることは、とても嬉しく誇らしいことです。ある程度認めていただいていることを肌で感じ、それにきちんと応えていきたいという気持ちでいっぱいです。しかし、町内に住んでいる人の中には、私たち鳶が、町の祭りの仕事を請け負っているのをまだご存じない方もいます。「頭って何? 鳶?」という風に。自分は町内で必要とされる頭でありたいと願っています。

今回(平成十九年)は町会に無理を言って、自分の思い通りに御神酒所、御仮屋を作らせていただきました。江戸の下町の情緒や風情がなくなりつつある中、これらも簡単に済ませてしまったら、せっかくのお祭りの華やかさが無くなってしまいます。

自分はいつも、「父親や山口さんから受け継いできたものを後に残したい」という気持ちで仕事をしています。

御仮屋作業の流れを写真で簡単に紹介します。

①

丸太で柱を立て、桁をながし梁をながす。

②

③

丸太をバンセンで固定した後、シロ縄で化粧結わきをする。

④

梁に二重垂木の丸太を均等に固定する。

⑤

むね木を立てモヤ木をながす。

⑥

屋根垂木（丸太）をながす。

⑦

丸太で組んで出来た屋根に竹を均等にながす。

⑧

二重垂木

⑨

御仮屋の骨組みが出来た。

⑩

化粧ベニヤで正面を塞ぐ。

⑪

竹と竹を合わせ、シロ縄で化粧で結わく。

⑫

同右。

⑬

外から見える所は全部シロ縄で玉結びで結わく。

⑭

大部形になってきた。

⑮

二重垂木の最後の竹を取付け、ヌキ木（竹）のソリを見る。

⑯

ヌキ板をながし、通りを見る。

⑰

ヌキ板で通りを見て形を作る。

⑱

屋根に化粧ベニヤを張る。昔はトントン（杉の皮）を使っていたそうだ。

⑲

天井に竹をながす。

⑳

天井によしずを敷く。

㉑

大部出来てきた。

㉒

よしずを敷き形をつける。

㉓

内部に天神様の幕。

㉔

手摺り竹の受け丸太と砂止めの丸太。

㉕

砂まき。

㉖

神輿の入った御仮屋。

㉗

神酒所、御仮屋が並び、祭りにも気合が入ります。

國武藏会員

神輿同好會品川國武藏

國武藏会計　鈴木秀一

私達國武藏は、昭和五十二年に発足し、平成十八年で三十年になりました。当時十八歳だった発起人の二名が、大先輩方が活動していた地元神輿同好会「後地睦」が、自ら保有していた大神輿を色々な遠征場所に持ち込み、それを一緒に担いでいる内に、自分たちも神輿の会を作ろうと決心したことが始まりでした。地元の有志を募り、数名で発足しました。

江戸消防記念会第七区一番組副組頭の先代小林氏に相談を持ちかけ、顧問になって頂き、名称は副組頭の屋号である「國小林組」の頭文字「國」と、武蔵小山を本拠とする事から「武蔵」を、当用漢字の「武藏」と改め、「國武藏」としました。会の半纏模様は、「平塚」（中原街道の平塚橋と荏原警察の間に、大正末に取り壊した新羅三郎義光の墓と伝わる高さの低い、頂の平らな古墳があったことから「平塚」の小名が起きた）の地名から、由緒ある「平」を象った模様を使用する許可を顧問より得て決めました。

活動の最盛期には総勢三十人近くがおり、「江戸神輿保存會」に所属し幅広く活動していました。大島椿祭、湯河原、羽田、鐘ケ淵、新小巻、池袋、自由が丘、奥沢等々、月に二、三回は遠征していました。

國武藏の活動

五月には、三社祭に毎年参加して同じ本社神輿を担いでいます。午前は右肩（町会）、午後は左肩（神輿同好会）と両方担げるよう一町会・一団体と交流があります。昨年は何十年ぶりかで、会員でもある筆者の長男も宮出しに

パルム神輿

参加しました。他に神田明神祭礼、荏原神社大祭にも参加しています。

六月には、鳥越祭宮神輿御神幸、品川神社大祭と続けて遠征しています。

八月には、「藤沢山王睦」と親交があるため、山王睦の地元である藤澤諏訪大社（遊行寺）の例大祭にも参加しています。

藤沢諏訪神社神輿には、一之宮神輿（鳳凰の神輿）と、決して一之宮神輿を追い越す事を許されていない二之宮神輿（龍の神輿）の二基があり、いずれも台座の中を二点だけの鼻棒を通し、両肩とも神輿の内側に入り並んで担ぐため、道幅の狭い場所でも容易に練り歩けます。両側面に箪笥と同じような取手があり、それを叩いて拍子を取り、二点棒で「どっこい」の掛け声で担ぐ神輿です。毎年違う渡御巡路で氏子町会を御神幸し、ギャラリーの最も多い藤沢駅前で二基が並んで担がれる時と、最後の二基揃っての遊行寺への宮入りの時にクライマックスを迎えます。相州甚句を唄いながら神輿を拍子に合わせて担ぐ時の担ぎ手は一層盛り上がります。

九月には、地元の秋祭りのメインであるため、神酒所を設置し、兄弟会も多いことからたくさんの祭礼に参加しています。

武蔵小山商店街（現在は「パルム」という。「パル・ムサシコヤマ」の略で、「パル」は「友だち、仲間」の意味。武蔵小山駅前の小山三丁目から平塚橋までの七百メートルを一から四のブロックに分けた本通りと、線路に並行するGとがある。門前町でも宿場町でもないこの町に商店街が出来たのは昭和十二年、その後戦後の昭和三十一年に大アーケードが完成した）で保有している大神輿を担ぎ「両社祭」に参加しています。

両社祭とは、小山八幡神社と隣接する当神社と関わりのある三谷八幡神社両社の例大祭で、九月第一、または第二土日曜日の祭礼です。祭りの見所は、日曜日に六町会一団体の七基が各々パルムに入り、互いの華やかさ、威勢と粋な姿を競い合うところで、大勢のギャラリーが見物し非常に盛り上がりま

戸越八幡神社本社神輿

す。

その後、総ての神輿が第一会場であるパルム駅前で一堂に会し、現顧問の二代目國小林棟梁が所属する、江戸消防記念会第七区一番組の頭の方々の木遣りと共に発御式を行ないます。そして隊列を組んで連合渡御に出御し、第二会場の西小山桜並木通りまで練り歩きます。渡御の途中で日も暮れて夜になると、各々の神輿の御霊が担ぎ棒に付けられたスポットライトに照らされて、一層艶やかに映ります。最後の集合場所、第二会場で待ち構えるギャラリーは、素晴らしい精悍さに魅せられ、祭りは最高潮を迎えます。

因みにパルムの大神輿は、武蔵小山パルム神輿會、武蔵會、國武蔵、舞酔鷹、麒麟會、江戸祭目と地元小山三丁目、荏原三丁目の担ぎ手の他に、担ぎ好きの老若男女の総勢三百人で担ぎます。連合神輿の中で一番担ぎ手が多く神輿も大きく重量もあります。他六町会の神輿は、小山四丁目、小山五丁目、小山六丁目、荏原四丁目、荏原五丁目、荏原七丁目の六基です。

また、戸越八幡神社例大祭に、氏子町会の荏原二丁目町会に筆者が住んでいる関係で、三年に一度の御本社神輿町内渡御の御神幸で担ぎます。

平成四年に十四町会から奉納金を集めて、今の大神輿を造り、三年に一度の御神幸祭では十四町会を渡御して氏子達がお互いの町会を練り歩きます。神輿の台輪の下部へ台棒を並べ親綱で締め上げた、このような神輿を「城南型」と呼んでいます。また、この御本社神輿には、台座の穴（三味線穴）が無く、台棒が取り付け易いように神輿台座の下側に凹部がつけられています。そして神輿の脇に太拍子を取り付けて叩きながら渡御を行なうため、江戸前の様には縦棒を取り付けられません。担ぎ手も前方を向いて担ぐのでなく御霊に向かって横棒を担ぎながら、一つの棒の左右の担ぎ手が向かい合って、競い合うような担ぎ方をします。

後地大神輿

後地大神輿

江戸時代の建造で由緒ある「後地保存會」（現在の小山一丁目、小山二丁目東部、西部と地元神輿団体の「友和会」からなる）の後地大神輿に数名で参加します。

地元後地地区のある由緒ある方が、大正十年、芝明神様の祭りでお囃子をしていた関係から、そこの神輿を酒一升で譲り受け、それまで貧相だった祭りを一層盛り上げたということです。この神輿は万延元年（一八六〇）に大修理が行われたと言い伝えられる歴史ある神輿です。

大正十三年、神輿新調の話が持ち上がり、有志が貰い受けた神輿の材料を再利用（台座と胴宮の四本柱）して新調する事にしました。そして現在の神輿が大正十四年九月に出来上がりました。担ぎ方は「城南型」で、神輿の台座の下に台棒を並べる手法で、戸越八幡の宮神輿の担ぎ方とは反対に、御霊に背を向けて左右からせり上げて担ぎます。足の爪先から肩まで一直線になってせり上げます。担いでいる側の棒が倒れてきても決して肩を抜かず、神輿の周りにいる人に手を引っ張って貰い、足の爪先を踏ん張って、御霊に向かって神輿を押し上げ、体勢を起こし神輿を立て直します。

麒麟會万灯神輿

國武藏の兄弟会である「麒麟會」が保有する万灯神輿で、毎年九月第二土曜日の午後七時から、パルム駅前から彼らが毎年遠征する神輿団体を招待して担ぎ手を募り練り歩きます。

「麒麟會」会員、津田工務店の二代目津田社長、「後地睦」歴代会長の吉田氏、鈴木会長からの寄贈で立派な万灯神輿が出来ました。担ぎ方は江戸前の担ぎ方です。

「自由が丘天龍會」からもお誘いを受け、熊野神社例大祭に参加しています。

すみだ祭りにて櫻連合神輿愛好会会員

また、「碑文谷八幡神社祭礼」に、氏子で当会員でもある原町西町会保有の神輿で、町内渡御と宮入りをします。

十一月には、兄弟会の「武藏會」を独立した「横濱都筑睦」のお誘いで、「都筑市市民祭」に参加しています。

櫻連合神輿愛好会

櫻連合神輿愛好会会長　秋葉成正

「大東京祭江戸神輿大会」が、第三回から〝江戸の町、浅草〟で行われるようになると、神輿同好会会員の間から、「自分たちの神輿渡御をぜひ行いたい」と言う希望が湧き起こり、それに賛同した有志が何回も会合を重ねました。そして昭和六十年春、同好会十三団体により「櫻連合神輿愛好会」と呼称を決め、「大東京祭江戸神輿大会」に力を合わせて渡御し、各会相互の親睦を図ることを目的に、この会が結成発足致しました。名称は、この年開通した〝隅田川の夢の掛け橋〟と言われた「桜橋」、そして〝日本の花、墨田の花〟の「桜」からいただきました。

大会に出場するために日本神輿協会のご協力を仰ぎたく、三代目宮入会長（故人）に相談したところ、「まずは神輿を決定して欲しい」とのこと。早速、改修を終えたばかりの流山大杉神社の宮神輿（台輪寸法三尺三寸）に決め、参加を申し込みました。そして、「第七回大江戸神輿大会」に、「櫻連合神輿愛好会」として初めての渡御出場を果たし、このきれいに甦った素晴らしい大杉神社宮神輿を担ぐことができました。三百名を超える担ぎ手による盛り上げに対し、浅草観光連盟、日本神輿協会などから大いにお褒めの言葉をいただきました。それ以後、流山浅間神社宮神輿、立花白髭神社東三睦神輿、

発足20周年記念渡御

浅子神輿店台輪寸法四尺神輿、埼玉八坂睦会神輿、杉戸香車会神輿などが参加し、平成八年第十八回大会には、富士吉田市の漣神社宮神輿も加わり、素晴らしい神輿に恵まれながら、連続十五回出場いたしました。

また、山崎区長や地元八町睦福田会長ほか皆様のご協力をいただき、三郷神輿愛好会四尺五寸神輿、墨田区押上文化町会神輿等によって、「すみだ祭り」に特別参加し、北斎通りを渡御させていただいております。

"神輿の聖地"深川においては、「大江戸神輿祭りIN木場公園」に向島白鬚神社の南図子十八番神輿、立花白髭神社の東三睦神輿等で渡御させていただいております。

平成二十年には、「櫻連合神輿愛好会」発足二十三年目を迎えます。新たに三団体が加わり、菊川神輿会、京島神輿会、下総五鳳会、寺嶋睦、立花一情会、深川睦連、向島朝日会、本所松井会、亀戸六忍会、神櫻睦、諏訪睦、城東神柳睦会の十二団体となりました。素晴らしい団結力と動員力、担ぎ手の盛り上げなどにより、これからも神輿を通して会員一同、地域発展のため一層努力していきたいと思います。

毎年三月の初め頃、初顔合わせと各同好会の事始を兼ね、向島白鬚神社に正式参拝し、梅満開の向島百花園で懇親会を行っております。思い起こせば、日本神輿協会最高顧問であった故本多一夫先生（平成十年寂）には生前、この会へのご出席を楽しみにしていただき、初顔合わせの様子を奥様の蘭子さんと一緒に「咲く桜　命の価値を　語りけり　散る桜　命の質を話しけり」とお詠みいただいたことが思い出されます。

本多先生が最後にお見えになった時、会員一同を前に、「神輿道とは日本伝統文化の枠と覚しき神輿を神髄とし、"和"の心をもって"礼"を学び、動に静習い、強に優を修めて、世に尽くせる"仁"を極める道なり」とお教えいただいた事は、いつまでも心に深く刻まれています。

すみだ祭り

大江戸神輿祭り　IN　木場公園

あとがきにかえて

高橋一郎

平成九年五月に『神輿図鑑1』が出版され、その後、平成十一年に『神輿図鑑2』、平成十三年に『神輿図鑑3』と、二年間ごとに刊行されて以後、しばらくお休み状態が続いておりました。

「今年はいつ出るんですか」「早く続きを出して下さい」と、知人やお祭り関係者の方々から、お問い合わせや励ましのお言葉をいただき、ここに『神輿図鑑4』を世に送り出すことが出来ました。

今回は、神輿の出る祭りを春夏秋冬別にまとめました。当然、今までに何回も紹介された祭りや神輿も数多く載せておりますが、この七年の間に新しく作られたり、修理されて一新された神輿も出来るだけ数多く紹介させていただきました。

次には視点をやや変えて、五年後は伊勢神宮の「式年遷宮」と言うこともあり、御神輿の出る祭り、とくに何年、あるいは何十年に一度かの、決められた年にのみ実施される「式年祭」を取り上げてみました。とくにその中から、都内の大鷲神社、千葉の三山の七年祭、茨城の金砂大祭礼の式年祭を選び、細かく紹介させていただきました。

さらに、いままであまり書かれる事の少なかった、町内神輿にも焦点を当て、その見どころを紹介する事が出来ました。三社や鳥越、神田、深川等のいままでいろいろな本に取り上げられている祭礼の町内神輿は、ご覧になる機会も多いかと思いますが、それ以外の場所にも、大正から昭和の戦前に作られた隠れた名作とも言える、すばらしい町内神輿が今でも担がれています。これらの神輿の出る祭りは、だいたい都心の大きな祭りと重なってしまう事も多く、連合渡御も行なわれず（または参加せず）、さらには年によって、全く御仮屋にも飾られない神輿もあるため、噂を聞き、人づてに訪ね歩き、あるいは全くの偶然にこの様な神輿を発見した時の嬉しさはまた格別です。

しかし、我々がまだ聞いた事も見た事もないすばらしい神輿がまだまだ数多く残っております。これらを集めて、次刊の『神輿図鑑5』を出来るだけ早く作り、皆様に見ていただくのが我々の務めだと思っております。

「不況になるとお祭りが盛んになる」とよく言われますが、各地で「歴史と伝統の再評価と見直し」という事で、古い御神輿が修理され担ぎ出される事も少なくありません。また、「江戸開府四〇〇年」を記念して実施された「江戸天下祭」も好評につき、二年ごとに行われるようになった事も嬉しい出来事です。しかし反面、伝統ある神輿作りの名門である行徳の浅子神輿店と後藤神輿店が、神輿の製作から手を引くと言うさびしい話もありました。世の中は、また神輿の世界はどんな風に変わっていくのでしょうか。

最後になりましたが、この本を制作するに当たり、お忙しい中こころよく貴重な時間を割いてお話を聞かせていただいた宮司さん、氏子役員さん、保存会や同好会の皆様、お名前は存じ上げないものの、ホームページ等にて写真や見聞録、そして貴重なご意見等を発表されていた方々には、この場をお借りして心からの御礼を申し上げます。

【参考文献・資料一覧】

『第十七回　西金砂神社磯出大祭禮・公式記録写真集』
　八溝文化社編集　第十七回　西金砂神社磯出大祭禮実行委員会発行
『第十七回　東金砂神社磯出大祭禮』
　茨城新聞社出版局製作　第十七回　東金砂神社磯出大祭禮実行委員会発行
『古代常陸を解く—常陸と蝦夷—』井坂　攻著　金砂大田楽研究会発行
『金砂大祭礼の民俗誌』榎本　實、箕川恒男著　那珂書房発行
『寺社の縁起と伝説』志田諄一著　崙書房出版発行
『金砂大祭礼の歴史』志田諄一著　茨城新聞社発行
『七十二年の浪漫—金砂磯出大祭礼を行く—』今瀬文也著　東冷書房発行
『よくわかる金砂大祭礼』常陸大田金砂大祭礼勝手連発行
『金砂神社　大祭礼・小祭礼を支えた人々』大森正男編著　築波書林発行
『茨城二四二社寺ご利益ガイド』今瀬文也著　茨城新聞社発行
『茨城の神輿』高橋一郎編　アクロス・星雲社発行
『大鷲神社史』大鷲神社発行
『房総の古社』菱沼　勇・梅田義彦著　有峰書店新社発行
『諏訪系神社の御柱祭—式年祭の歴史民俗学的研究』松崎憲三著　岩田書院発行
『全国一宮祭礼記』落合偉洲・加藤健司他著　おうふう発行
『七年まつり—平成九年の記録—』船橋市郷土資料館発行
『四百年目の江戸祭禮—その風景と情熱の人々—』江戸天下祭研究会神田倶楽部編集　武蔵野書院発行
『神宮』神宮司庁発行
『江戸神輿春秋』春の巻・秋の巻　林　順信著　大正出版刊
『宮神輿名鑑』原　義郎著　三省堂刊
『神輿（1）』監物恒夫著　刊々堂刊
『江戸神輿』小澤宏之著　講談社刊
『大東京神輿』小澤宏之著　講談社刊
『市場神輿の由来』淀橋市場神輿奉賛会著
『下根岸のあゆみ』元三島神社下根岸町会創立五〇周年記念誌

インターネット・ホームページ

「三山の七年祭」
「下総三山の七年祭り」
「お祭りガイド—三山七年祭り」ほか
「小松川神輿」（現在休止中）
「鮫洲祭禮会」
「巴講睦」（現在休止中）
「錦三丁目町会」
「秦野の神輿」

協力・写真提供（敬称略・順不同）

半原神社
鈴木光雄
椎名正夫（神輿師）
内海壽之（東大島神社宮司）
匝瑳吉昭（八重垣神社宮司）
河野十九人
森川清延
藤戸伸治（神輿塗師）
八青会
志村 滋
鹿骨一丁目神輿製作会
鹿弐鹿島睦青年部
松丸さとり
助川通泰（二荒山神社宮司）
小川政次（神輿師）
濱中厚生（大鷲神社宮司）
柴田義隆
菊三睦會
木下忠義
清水信孝
神輿同好會品川國武蔵
鈴木秀一
櫻連合神輿愛好會
秋葉成正
浅井ヨシ子

神輿図鑑4

江戸・神輿・祭礼・暦

定価（本体四、五〇〇円＋税）

平成二十年五月十八日　第一刷発行

編著者　斎藤 力・高橋一郎

写　真　大澤 博・大高克俊・小川国広・森田裕三・丸山博光
橘樹 霊　渡辺 清

発行者　角橋初太郎

発　行　株式会社アクロス
東京都世田谷区野毛三—十三—十五（〒一五八—〇〇九二）
電話〇三（三七〇五）二五八八

発　売　株式会社星雲社
東京都文京区大塚三—二十一—十（〒一一二—〇〇一二）
電話〇三（三九四七）一〇三〇

印　刷　株式会社大熊整美堂

製　本　小泉製本株式会社

ISBN978-4-434-11930-9 C0372 ¥4500E

江戸神輿図鑑シリーズ

『深川の祭り』 定価（本体5,000円＋税）
木村喜久男・岡田睦子・今村宗一郎編

『鳥越の夜祭り』 定価（本体3,500円＋税）
鏑木啓麿編

神輿図鑑シリーズ

『神輿図鑑１』 定価（本体3,500円＋税）
木村喜久男編

『神輿図鑑２』 定価（本体3,500円＋税）
木村喜久男・高橋一郎編

『神輿図鑑３』 定価（本体3,500円＋税）
斎藤　力・高橋一郎・木村喜久男編

東京の祭りと神輿シリーズ

『男たちの歳時記〜浅草三社祭〜ＳＡＮＪＡ』 定価（本体3,398円＋税）
アクロス編

『佃島住吉神社大祭　佃祭り』 定価（本体3,398円＋税）
岡田睦子著

地方の祭りと神輿シリーズ

『相模の神輿②　浜降祭と神奈川の神輿』 定価（本体4,500円＋税）
監物恒夫著

『木更津のまち（祭り）』 定価（本体5,631円＋税）
八劔昭雄監修

『茨城の神輿』 定価（本体3,883円＋税）
高橋一郎著